Werner Laubi

Geschichten zur Bibel

Band 3

Abraham · Jakob · Josef

Ein Erzählbuch für Schule, Familie und Gemeinde

Kaufmann/Patmos

In der Reihe
Geschichten zur Bibel
sind bereits erschienen:

Band 1
Saul · David · Salomo

Band 2
Elia · Amos · Jesaja

Band 3
Abraham · Jakob · Josef

Band 4
Jesus von Nazaret – Teil 1

Band 5
Jesus von Nazaret – Teil 2

CIP-Titelaufnahme der Deutschen Bibliothek

Laubi, Werner:
Geschichten zur Bibel : ein Erzählbuch für Schule, Familie und Gemeinde / Werner Laubi. – Lahr : Kaufmann ; Düsseldorf : Patmos.
Früher in d. Verl. Kaufmann, Lahr, u. Benziger, Zürich, Einsiedeln, Köln

Bd. 3. Abraham, Jakob, Josef. – 2. Aufl. – 1990
ISBN 3-7806-2145-2 (Kaufmann) Gb.
ISBN 3-491-80007-2 (Patmos) Gb.

Die Verlage Kaufmann und Patmos
sind Mitglieder des *Verlagsrings Religionsunterricht (VRU)*

2. Auflage 1990

Hergestellt bei Präzis-Druck, Karlsruhe
ISBN 3-7806-2145-2 (Kaufmann)
ISBN 3-491-80007-2 (Patmos)

Inhalt

Vorwort

»Wovon man nicht theoretisch sprechen kann, muß man erzählen.« *Umberto Eco*

Bei Erzählkursen in Deutschland und in der Schweiz werden mir immer wieder folgende Fragen gestellt:

Warum soll ich biblische Geschichten erzählen?

Erste Antwort: Weil das Erzählen biblischer Geschichten den Zuhörern und dem Erzähler Freude macht. — Zweite Antwort: Innerhalb einer einzigen Generation ist bei einem Großteil der Bevölkerung das biblische Grundwissen, das unsere Kultur geprägt hat, verloren gegangen. In manchen Schulen werden Lebensfragen der Gegenwart fast ausschließlich auf der Basis dürftiger Schülererfahrungen zerredet. Es kann sein, daß der Verlust der Vermittlung weiter zurückliegender Lebens- und Glaubenserfahrung mit dazu beigetragen hat, daß die heute in der ersten Lebenshälfte Stehenden zu einer »no-future«-Generation geworden sind. Wer keine Vergangenheit hat, hat schwerlich eine Zukunft. Ich habe als Mensch nicht nur genetisches, sondern auch kulturelles Erbe weiterzugeben. Darum erzähle ich auch biblische Geschichten.

Vermitteln biblische Geschichten dem Kind nicht ein falsches Bild der Wirklichkeit? Bericht und Erzählung haben ja die gleichen sprachlichen Merkmale. Weil das Kind jede Geschichte als Bericht nimmt, wird bei ihm die Wirklichkeit verfälscht.

Die Frage spiegelt den heute weit verbreiteten Aberglauben an einen »objektiven Unterricht«, in dem der Lehrer über der Sache steht und wissenschaftlich gesicherte Fakten vermittelt, wider. Folien, Filme, Tonbänder und andere Medien werden so zu Heiligen unseres Jahrhunderts, die zwischen Lehrern und Schülern vermitteln, weil Lehrer und Eltern die unmittelbare Wahrheit von Geschichten, von Märchen, Mythen, Sagen und Legenden nicht mehr erkennen. Ich bin aber überzeugt, daß der Schüler noch ein Gespür hat dafür, daß es neben der verstandesmäßigen auch eine symbolische Realität und Wahrheit gibt. Auch Erwachsene haben, wenn sie nicht schon hoffnungslos verbildet sind, diese Fähigkeit. Bruno Bettelheim fordert: »Kinder brauchen Märchen!«. Ich meine: Kinder brauchen auch biblische Geschichten zur Sinnfindung des Lebens.

Biblisches Grundwissen kann auf mannigfache Art dargeboten werden. Warum also die Erzählung?

Traditionen des Glaubens werden auf verschiedene Weise weitergegeben. Da gibt es Lehrsätze und Bekenntnisse, die man auswendig lernen kann. Da gibt es Festzeiten wie Advent, Weihnachten, Ostern und Pfingsten mit einem Brauchtum, das an diese Feste gebunden ist. Da gibt es als wichtige Traditionsträger auch die regelmäßigen Kultfeiern mit den Sakramenten und die Kasualien. Aber im Zentrum der religiösen Erfahrung und Überlieferung des Christentums steht die Bibel. Sie vermittelt uns die religiöse Erfahrung, die andere vor uns gemacht haben — auch in Lehrsätzen, Bekenntnissen und Gesetzen, aber in erster Linie in Geschichten. Klaus Dessecker hat es im Nachwort zum »Erzählbuch zum Glauben«, Band 1, so formuliert: »Das Christentum ist eine Erzählgemeinschaft, in der die grundlegende Glaubensüberlieferung nicht argumentiv, sondern narrativ vermittelt wird.« Und Umberto Eco hat seinen Roman »Der Name der Rose« geschrieben, weil er in reifem Alter erkannte: »Wovon man nicht theoretisch sprechen kann, muß man erzählen.«

Darf man biblische Geschichten so phantasievoll erzählen, wie Sie es tun und so den Text verfälschen? Wollen Kinder eine Geschichte nicht immer genau gleich hören?

Daß Kinder Geschichten immer genau gleich erzählt hören wollen, ist ebenfalls ein alter Aberglaube. Kinder freuen sich über die Vielfalt des Lebens und seiner Deutung. Erziehung zur Einfalt macht sie einfältig. Auch die biblischen Erzähler haben gleiche Geschichten ganz verschieden weitergegeben. Sie haben nicht einfach reproduziert, sondern interpretiert. Das mache ich auch heute so, wenn ich biblische Geschichten weiter erzähle. Indem ich mich selber in die Geschichte hineinnehme, also subjektiv erzähle, wird das Erzählte lebendig. — Willi Bremi, ein verstorbener Basler Kollege, hat einmal vom Kunstmaler Peter Flück erzählt, der sich jahrelang mit dem Gleichnis vom verlorenen Sohn beschäftigt hat: »Auf einem seiner Bilder war der Vater des verlorenen Sohns in einer Scheune dargestellt, holzspaltend, bäuerlich. Er blickte auf die Straße hinaus, auf der soeben sein in der Fremde ins Elend geratener, jüngerer Sohn in die Heimat zurückkehrte. Der Maler sagte dazu: Ich weiß schon, daß es anders in der Bibel heißt. Der Vater sah ihn von ferne und lief ihm entgegen. Das habe ich nicht vergessen. Aber wenn der Vater ein Berner gewesen wäre, hätte er ihn in der Scheune erwartet, ohne Entgegenlaufen! — Wie wichtig Flück das derart ins Berndeutsch übersetzte Gleichnis war, bewies des Malers Beharrlichkeit, die Szene lebensecht zu malen. Flücks Realismus zeigte sich auch in der Gestalt des Sohnes. Sie glich immer mehr einem Selbstportrait des Malers!«

Wird fortlaufendes Erzählen von biblischen Geschichten mit der Zeit nicht auch langweilig?

Wenn ich Eltern, Lehrern und Pfarrern zum Erzählen biblischer Geschichten Mut machen will, dann heißt das nicht, daß man ausschließlich erzählen soll. Ich erzähle pro Stunde etwa fünfzehn bis zwanzig Minuten, vertiefe in der übrigen Zeit, manchmal aber auch während einer ganzen Stunde, das Gehörte. Oft lasse ich die Szenen oder Personen einer Geschichte zeichnen, damit auch die Schüler ihrer Phantasie Ausdruck geben können. Anregungen zu solchen Vertiefungen finden sich in den methodischen Hinweisen am Schluß dieses Buches. Wer ausführlichere historische und theologische Informationen verlangt, als ich sie in den Vorbemerkungen zu den einzelnen Geschichten geben kann, dem empfehle ich: Gerhard von Rad, Das erste Buch Mose, Bände 3 und 4 von »Das Alte Testament Deutsch«. In den Vorbemerkungen zitiere ich aus der »Zürcher Bibel«, in der Schreibweise der biblischen Eigennamen folge ich jedoch den Loccumer Richtlinien.

Aarau, im Frühjahr 1985 — Werner Laubi

Theologische Überlegungen

Die Frage nach dem Ursprung eines Volkes kann verschieden beantwortet werden. Man kann beispielsweise anhand geschichtlicher Überlieferung das allmähliche Werden und Wachsen einer Gemeinschaft beschreiben. Man kann aber auch das Volk auf einen Urahnen zurückführen, der all das, was das Wesen der späteren Gemeinschaft ausmacht, in seiner Person vereinigt.

Ein altes Glaubensbekenntnis der Israeliten fängt mit den Worten an: »Ein umherirrender Aramäer war mein Vater; der zog hinab mit wenig Leuten nach Ägypten und blieb daselbst als Fremdling und ward daselbst zu einem großen starken Volk. Aber die Ägypter mißhandelten uns und legten uns harte Arbeit auf.« (5. Mose 26, 5 ff.) Man könnte sagen, daß in diesen kurzen Sätzen die beiden oben angeführten Antworten angedeutet sind. Denn mit dem »umherirrenden Aramäer« ist Jakob, der Urahne des Volkes Israel, gemeint, und mit der Sklaverei und der Unterdrückung wird auf das soziale Elend des Volkes hingewiesen.

Nun hat aber Israel auf die Frage seines Ursprungs noch eine weitere Antwort gegeben. Sie lautet: Unser Volk ist zum Volk Israel geworden und hat bis heute Bestand gehabt, weil Gott es verheißen hat. Die prima causa Israels ist also Gottes Verheißung, und sie hat sich erfüllt, weil Gott die Geschichte lenkt und die Menschen führt.

Geschichte in Geschichten

Am Beispiel des erwähnten alten Glaubensbekenntnisses erkennt man, daß die Antwort auf die Frage nach dem Ursprung des Volkes in Lehrsätzen katechismusartig zusammengefaßt werden konnte: »... und der Herr erhörte uns und sah unser Elend, unsere Mühsal und Bedrückung und führte uns heraus aus Ägypten ...«. Eine andere Möglichkeit war, solche Aussagen in Form von Liedern und Gedichten auszudrücken.

In 2. Mose 15, 21 ist uns ein Lied aus alter Zeit, das sogenannte »Mirjamslied«, überliefert:

»Singet dem Herrn,
denn hoch erhaben ist er;
Roß und Reiter warf er ins Meer.«

Besonders gern aber wurde die Botschaft von Gottes Verheißung in Form von Geschichten gefaßt. Diese Form begegnet uns unter anderem in den

Patriarchengeschichten des Alten Testaments. Patriarchen nennt man die Vätergestalten des Volkes Israel: Abraham, Isaak, Jakob und Josef. Nachdem in den ersten elf Kapiteln des Ersten Buches Mose von Gottes Taten im Universum und in der weltweiten Geschichte der Menschheit die Rede war, tritt am Anfang des 12. Kapitels ein einzelner Mensch in den Mittelpunkt: Abraham. An seinem Leben, am Leben seiner Nachkommen und später an der Geschichte des Volkes Israel wird Gottes Verheißung und Führung, wird die Geschichte seines Heils dargestellt.

Die historische Frage

Wer die Vätergeschichten in der Bibel liest, merkt bald, daß es sich bei diesen Erzählungen nicht um historische Berichte handelt. Dazu nur ein Beispiel: E. E. Vardiman gibt in seinem Buch »Nomaden« zu bedenken, daß mit den Verkehrsmitteln jener Zeit — zu Fuß oder auf dem Esel — und von einer Herde langsam trottender Schafe begleitet, für die Wanderstrecke des Abraham an die 140 Jahre nötig gewesen wären. In der Tat sind es von Ur nach Haran, von dort nach Ägypten und wieder zurück nach Kanaan über 10000 Kilometer. Für einen solchen Marsch reichen nicht einmal die 100 Lebensjahre, die Abraham gemäß der Chronologie der Bibel vom Auszug aus Haran bis zu seinem Tod geschenkt waren.
Schon diese Überlegung zeigt, daß uns die historischen Begebenheiten, die hinter den Vätergeschichten liegen, verborgen sind. Die Forscher sind sich jedoch darüber einig, daß an den alten Heiligtümern und Gedenkstätten in Israel Geschichten über Ahnengestalten und ihre Gotteserfahrungen, ihre Lebensprüfungen, ihren Glauben, ihre Zweifel, ihre Ängste und Freuden erzählt wurden. Solche Gefühle lassen sich am besten in den literarischen Gattungen der Sage, der Legende und des Märchens ausdrücken. In den Vätergeschichten steht die Gattung der Sage im Vordergrund. Dabei ist wichtig zu wissen, daß Sagen nicht einfach erfundene oder unwahre Geschichten sind. Ihre Wahrheit erschließt sich jedoch nur dem, der sie in seinem eigenen Leben als Wirklichkeit erfährt. Der Satz, daß in der Sage »ein Volk von den treibenden Kräften seiner Geschichte träumt«, umschreibt sehr gut, worum es in dieser Gattung geht. So verkörpert der sagenhafte Wilhelm Tell für viele Schweizer bis heute die Idee der Freiheit, die fortwährend im Kampf gegen jede Tyrannei errungen werden muß. Robin Hood ist die Symbolgestalt, die für Recht und Gerechtigkeit kämpft, und Abraham verkörpert für den Glaubenden das unbedingte Gottvertrauen.
Auch die Zahlen, die in der Bibel vorkommen, dürfen nicht historisch

mißverstanden werden. Zahlen sind eben nicht nur mathematische Symbole, sondern können auch Symbole vieler anderer Abstraktionen sein. Mit Hilfe der hohen Lebensalter konnte beispielsweise der Erzähler in biblischer Zeit Gottes Gnade, die einem Menschen geschenkt war, ausdrücken.

Die Quellenschichten

Im Laufe der Zeit sind die einzelnen Sagen zu sogenannten »Sagenkränzen« zusammengewachsen. Aber es gab auch Erzählungen, die von Anfang an organisch aufgebaut waren. Das gilt für die Josefsgeschichte, die man ihrer Einheit wegen eine »Novelle« nennt. Sie ist die längste der Vätergeschichten.

Nach heutigen wissenschaftlichen Erkenntnissen hat als Erster ein uns unbekannter Theologe — oder vielleicht ein Team von Theologen — in der davidisch-salomonischen Zeit diese Überlieferungen gesammelt und sie in sein theologisches Werk von Gottes Verheißung und Führung einbezogen. Die Wissenschaft nennt diesen Theologen den »Jahwisten«, weil er als Gottesbezeichnung den Namen »Jahwe« verwendete. (Siehe dazu auch meine Erzählung »Der Jahwist« in Neidhart/Eggenberger, »Erzählbuch zur Bibel«, Seite 175 ff.)

Ungefähr 200 Jahre später, zur Zeit der letzten Könige des Nordreiches Israel, entstand eine neue Quellenschicht, in die wiederum alte Geschichten einbezogen wurden. Weil ihr Verfasser (oder ihre Verfasser) den Gottesnamen »Elohim« verwendete, spricht die Wissenschaft von der »elohistischen Quellenschicht«. Der Verfasser (»Elohist«) stand wahrscheinlich den Prophetenkreisen in Nordisrael nahe.

Zur Zeit der großen Tempelreform unter König Josia und zu Lebzeiten des Propheten Jeremia entstand das »Deuteronomium« (»Zweites Gesetz«). Es spielt jedoch für die Vätergeschichte keine Rolle, weil sein Schwergewicht auf dem Gesetz und der Kultordnung liegt.

Mit ähnlichen Fragen beschäftigt sich auch die jüngste Quellenschicht, die »Priesterschrift«. Sie führt gewisse kultische Vorschriften auf die Erzväter zurück. So stammen unter anderem die Erzählungen über die Beschneidung und die Stammbäume der Väter aus dieser Schrift.

Diese vier Quellenschichten (Jahwist, Elohist, Deuteronomium, Priesterschrift) sind dann redaktionell zu einer einzigen Komposition zusammengefügt worden. Manchmal hat der Redaktor gleiche oder ähnliche Erzählungen aus verschiedenen Quellenschichten stehen lassen und Unstimmigkeiten zwischen den verschiedenen Überlieferungen auch nicht durchwegs geglättet. Dem heutigen Bibelleser machen, besonders wenn er die Hintergründe nicht kennt, diese Wiederholungen und Widersprüche Mühe. Er ist gewohnt, eine Geschichte »objektiv« zu lesen. Anscheinend hatte der antike Mensch ein anderes Wirklichkeitsverständnis. Warum sollte es in den Überlieferungen keine Widersprüche geben, wo er doch tagtäglich an sich selber erfuhr, wie widersprüchlich das Leben war!

Probleme beim Nacherzählen

Es versteht sich von selbst, daß die Redaktoren und Theologen die alten Erzählungen, soweit es für ihr Gesamtwerk nötig war, veränderten. Es konnte auch vorkommen, daß sie den Geschichten kulturelle Errungenschaften ihrer Zeit beifügten, die es ursprünglich noch nicht gegeben hatte. So wird beispielsweise von Abraham gesagt, daß er Kamele besessen habe. Mit dem Kamel ist das einhöckrige Dromedar gemeint, das als Last- und Reittier im Krieg und im Frieden benützt wurde. Domestiziert wurde das Kamel in Syrien-Palästina jedoch erst im 2. Jahrtausend v. Chr. Der Stoff der Abrahamsgeschichten reicht aber in viel frühere Zeiten. Darum sind die Kamele, vom Ursprung der Erzählung her gesehen, ein Anachronismus. Soll ich, der ich um diesen Sachverhalt weiß, beim Erzählen nun die Kamele weglassen? Bei solchen und ähnlichen Fragen entscheide ich mich bewußt nicht für die historische Gegebenheit, sondern bevorzuge das aussagekräftigere Bild. Ein Elieser, der hoch zu Kamel auf Brautwerbung geht, ist viel eindrücklicher als einer, der nur auf einem Esel daher geritten kommt.
Schwieriger ist die Entscheidung, wenn es um eine ganze Erzählung geht. Bei der Geschichte von der Prüfung Abrahams (1. Mose 22,1-19) handelt es sich ursprünglich um eine Kultsage. Sie brachte zum Ausdruck, daß Gott das Menschenopfer durch das Tieropfer ersetzt haben wollte. Mit der Geschichte von »Isaaks verbotener Opferung kämpfte Israel gegen das Opfer der menschlichen Erstgeburt« (Ludwig Köhler). In späterer Zeit hat dann der heilsgeschichtliche Gedanke diesen ursprünglichen Sinn verdrängt. Es ging nicht mehr um die Ablösung des Opfers, sondern um die Prüfung Abrahams. Aber ob so oder so: Abraham hatte ernstlich im Sinn, seinen Sohn zu opfern. Es mag sein, daß die Kinder intuitiv das, was die Geschichte ausdrücken will — das unbedingte Gottvertrauen Abrahams — ohne die Skrupel, die ich habe, verstehen und die Erzählung unbefangen annehmen. Man könnte dem sogar entgegenkommen, indem man den Abraham zu sich selber sagen läßt: »Gott hat sicher nicht vor, dieses Opfer von mir zu verlangen. Er hat mich bis jetzt wunderbar geführt und

seine Verheißungen wahr gemacht. Er wird es auch diesmal zu einem guten Ende bringen.« Trotz all dem bringe ich es als Vater, der sich mit Abraham identifiziert, nicht übers Herz, diese Geschichte zu erzählen. Es ist dies ein echter Verzicht für mich, weil die Geschichte von Abrahams Prüfung in erzählerischer Hinsicht ein Meisterwerk ist.
Manchmal muß ich als Nacherzähler zwischen den Quellen auch harmonisieren. Nach der Quellenschicht des Jahwisten ging Jakob nach Haran, weil er vor Esau flüchten mußte; nach der Quellenschicht der Priesterschrift sollte er sich dort eine Frau holen. Ich nehme in der Wiedererzählung beide Aspekte auf.

»Befiehl du deine Wege«

Die Menschen und die Familienverhältnisse, die uns in den Vätergeschichten geschildert werden, sind alles andere als ideal. Da gibt es zwei Brüder — Esau und Jakob —, von denen der eine den andern nach Strich und Faden betrügt. Da hat der Vater den älteren Sohn lieber, während die Mutter den jüngeren bevorzugt und ihn bei seinen Lügen und Meineiden dem Vater gegenüber unterstützt. Da gibt es zwischen Laban und Jakob gemeine Gaunereien und derbe Späße auf Kosten des andern. Da gibt es das offene Feilschen der Frauen um die Gunst, eine Nacht bei ihrem Mann schlafen zu dürfen. Da verkaufen zehn Männer ihren zweitjüngsten Bruder als Sklaven und machen dem alternden Vater weis, ein wildes Tier habe ihn zerrissen!
Und doch: Am Anfang dieser ganzen, sich über vier Generationen erstreckenden Geschichte, steht die Verheißung: »Ich gebe dir ein Land, und du sollst ein großes Volk werden!« Abraham nahm diese Verheißung an. Er glaubte. Der hebräische Ausdruck für glauben heißt: Sich fest machen in Gott. Abraham vertraute. Er lebte in der festen Hoffnung, daß die Verheißung sich erfüllen werde.
Dazu wurden die Vätergeschichten denn auch von Generation zu Generation weiter gegeben: damit Erwachsene und Kinder hörten und lernten, daß Gott seine führende Hand über den einzelnen Menschen und das Volk hält, auch wenn dieses Volk ein schuldiges Volk und die Menschen sündige Menschen sind.
Ich meine: So, wie der Hebräer diese Geschichten hörte, kann sie ein Erwachsener und ein Kind noch heute hören und daraus lernen, daß der Mensch sich letztlich nicht selber aus dem Elend erlösen kann, daß aber in aller Weltlichkeit des Lebens, bei allem Zwist und Streit, ja selbst in hoffnungslosen Fällen, Gottes unsichtbare Führung am Werk ist. So, wie

es Josef zu seinen Brüdern sagte: »Ihr zwar gedachtet mir Böses zu tun, aber Gott hat es zum Guten gewendet«, und wie es Paul Gerhardt im Lied ausdrückt:

»Was er sich vorgenommen
und was er haben will,
das muß doch endlich kommen
zu seinem Zweck und Ziel.«

Abraham

Das Versprechen

1. Mose 12, 1-9; 13, 1-4

Vorbemerkungen

Abrahams Name ist doppelt überliefert. Die ältere Form lautet *Abram* (»Mein Vater ist erhaben«). Später wurde Abram in Abraham gedehnt. Obwohl beide Namen den gleichen Ursprung haben, deutete der Verfasser der Priesterschrift Abraham als »Vater einer Völkermenge« (1. Mose 17, 4). Ähnliches gilt für *Sara.* Sara ist die jüngere Form für den älteren Namen *Sarai.* Beides bedeutet wahrscheinlich »Fürstin«. Der Einfachheit halber verwende ich in den Erzählungen ausschließlich die Namen Abraham und Sara.

Der *Stammbaum* der Familie Terachs (1. Mose 11, 27) gehört, wie die andern Stammbäume der Vätergeschichten, wahrscheinlich zum ältesten Überlieferungsgut der Priesterschrift. Hier eine Übersicht über die Nachkommen Terachs, soweit sie für unsere Erzählungen von Bedeutung sind:

Terach

Abraham ♡ Sara	Nahor ♡ Milka	Haran
Isaak ♡ Rebekka	Betuel	Lot/Milka
Jakob/Esau ♡ Lea/Rahel	Laban/Rebekka	zwei Töchter
Ruben, Simeon, Levi, Juda, Issaschar, Sebulon, Dan, Naftali, Gas, Ascher, Josef, Benjamin, Dina.	Lea/Rahel	

In 1. Mose 15, 2 wird ein *Knecht Abrahams, Elieser* aus Damaskus, erwähnt. »Knecht« heißt in der Bibel jeder, der unter der Befehlsgewalt

eines Mächtigeren steht. So sind beispielsweise auch die Minister am Königshof »Knechte« des Königs. Elieser hatte bei Abraham eine Vertrauensstellung. Er war sein Berater, sein Sekretär, sein Vertrauter. Es scheint, daß Abraham ihn adoptieren und zum Erben einsetzen wollte, weil er selber keine Kinder hatte. Da Elieser später als Brautwerber für Isaak eine wichtige Rolle spielt, führe ich ihn schon in dieser Erzählung ein.

Im Gegensatz zu den kriegerischen Beduinen (»Kamelnomaden«) waren die Erzväter *Kleinviehnomaden.* Sie wanderten mit ihren Herden im *Weidwechsel* zwischen der Steppe und dem Kulturland hin und her. Im Frühjahr trieben sie die Herde auf die üppigen Winterweiden im Steppengebiet. Im Sommer fraßen die Tiere das Stroh von den Äckern der Bauern. Davon gab es genug, weil damals das Korn mit der Sichel unmittelbar unter den Ähren abgeschnitten wurde. Die Herdenbesitzer mußten die Bauern für dieses Abweiden mit der Abgabe von Tieren, Fellen und Wolle entschädigen, wobei die Bauern erst noch in den Genuß der Düngung ihrer Felder kamen. Die Nomaden wählten ihre Routen nicht willkürlich. Sie waren bestimmt durch den Rhythmus der Jahreszeiten. Jede Sippe hatte ihre ganz bestimmten Weideplätze, die über viele Generationen gleich blieben. Nur bei Katastrophen wie Dürre oder Kriege dehnten sie ihre Weidegebiete aus.

Zu einer Großfamilie zählten auch die Angehörigen der verheirateten Söhne, die Bediensteten und die Sklaven. Abraham verfügte über 318 Sklaven (1. Mose 14, 14). Ich stelle mir also eine Zeltstadt mit 50 bis 100 Zelten vor. Im Zentrum stand das Stammzelt Abrahams, das »Vaterhaus«. (Haus kann im Alten Testament auch für Zelt gebraucht sein.) E. E. Vardiman beschreibt in seinem Buch »Nomaden« heutige Nomadenzelte, die als Vergleich für die Vergangenheit genommen werden dürfen: kleinere Scheichzelte mit einem Grundriß von 2—2,5 Meter auf 6—15 Meter, mit einem teppichbelegten Männerraum, zwei oder mehr Frauenabteilungen und Eckplätzen für die Sklavinnen. Das Zelt dient hauptsächlich als Schlafstelle. Hausarbeiten werden im Freien erledigt. Nach 1. Mose 31, 33 gab es auch besondere Frauenzelte.

Haran war eine der bedeutendsten Städte Nordmesopotamiens und — zusammen mit Ur — eine alte Stätte des Mondkultes.

Die Stadt lag an der Straße, die von Syrien nach Osten führte.

In *Sichem* wohnten schon im 4. Jahrtausend v. Chr. Halbnomaden. Zur Zeit Abrahams war die Stadt ein Mittelpunkt des politischen und religiösen Lebens in Kanaan. Sie blieb es auch nach der Landnahme durch die Israeliten, die dort zur Bundeserneuerung zusammenkamen (Josua 24).

Nach der Reichstrennung von 970 v. Chr. machte Jerobeam I. Sichem für kurze Zeit zur Hauptstadt des Nordreiches.
Über Bet-El siehe die Vorbemerkungen zur Erzählung »Der Traum«!
Ai lag östlich von Bet-El und war ebenfalls eine bedeutende kanaanäische Königsstadt. Josua hat sie bei der Landnahme zerstört (Josua 8, 28 f.), doch scheint sie später wieder aufgebaut worden zu sein.
Terebinten (Terpentinbäume) und Eichen werden in der Bibel oft nebeneinander genannt, und das hebräische Wort kann auch einfach »großer Baum« bedeuten. *Orakel-Terebinten* waren — wie die »Heiligen Eichen« bei den Germanen — heilige Bäume in der Mitte kanaanäischer Kultorte. Der Baum spielt als wichtiges Symbol in allen Religionen und zu allen Zeiten eine Rolle (Lebensbaum, Baum der Erkenntnis, Zentenarsbäume, Maibaum, Christbaum, Weihnachtsbaum).
Ich lasse, um die Erzählung so einfach wie möglich zu halten, die Reise Abrahams nach Ägypten aus. Die drei Lagerplätze bei Sichem, Bet-El und Mamre fasse ich in einen einzigen zusammen.

Erzählung

Abraham erwacht. Er richtet sich auf. Draußen, vor dem Zelt, blökt ein Schaf. Durch einen Spalt in der Zeltwand sieht Abraham den Mond. Er ist voll und leuchtet rund und schön. Wolken ziehen an ihm vorbei.
»Seltsam«, denkt Abraham. »Jetzt habe ich schon dreimal den gleichen Traum gehabt. Oder ist es vielleicht gar kein Traum gewesen? Gesehen habe ich eigentlich nichts. Aber eine Stimme habe ich gehört. Ganz deutlich. Über mir. Neben mir. Oder ist sie in mir gewesen?«
Abraham kann sich genau erinnern, was die Stimme gesagt hat.
»Abraham!« hat sie gesagt. »Verlaß deine Heimat! Verlaß deine Verwandten! Geh in das Land, das ich dir zeige! Ich schenke dir viele Nachkommen! Ich mache dich zum Vater eines mächtigen Volkes. An dir werden die Menschen sehen, was es heißt, wenn ich jemanden segne.«
Abraham schlägt die Decke zurück. Es ist warm im Zelt. Es riecht nach Erde, nach Gras, nach Schafen und Ziegen.
»Ob es wohl Gott gewesen ist, der mit mir geredet hat?« denkt Abraham. »Nicht der Mondgott, zu dem die Menschen hier in Haran beten. Auch nicht der Sonnengott. Oder ein Feldgott. Sondern mein Gott, der mir das Leben geschenkt hat und der mich überall begleitet?«
Abraham schüttelt den Kopf. »Nein!« sagt er vor sich hin. »Es kann nicht Gott gewesen sein. Die Stimme hat doch gesagt: Ich schenke dir viele Nachkommen! Aber ich habe doch gar keine Kinder. Keinen Sohn und

keine Tochter. Und ich bekomme auch keine mehr. Meine Frau, die Sara, ist zu alt, um noch Kinder zu bekommen.«
Abraham seufzt.
»Die Stimme hat mir auch nicht gesagt, wohin ich gehen soll«, denkt er. »Geh in das Land, das ich dir zeige! hat sie gesagt. Aber wo ist dieses Land?«
Abraham schaut wieder durch den Spalt in der Zeltwand zum Mond hinauf. Der Mond steht jetzt gerade über den Bergspitzen in der Ferne.
»Vielleicht ist es doch Gott gewesen«, denkt Abraham. »Gott sagt ja nicht immer, was er vorhat. Er will, daß ich ihm vertraue. Vielleicht muß ich einfach fortgehen. Ohne daß ich genau weiß, wohin er mich führt. Und eines Tages bin ich dann am Ziel. Genau dort, wo Gott mich haben will.«
Abraham gähnt. Der Mond ist hinter den Bergen untergegangen. Vor dem Zelt meckert eine Ziege.
Da ist Abraham schon eingeschlafen.
Als Abraham am andern Morgen erwacht, scheint die Sonne durch den Spalt in der Zeltwand. Im Sonnenstrahl tanzen Tausende von Stäubchen.
Das Zelt hat fünf Räume. Die Räume sind mit Fellen und Vorhängen voneinander getrennt. Sie sind mit bunten Wollteppichen und weichen Polstern ausgelegt. Drei Räume bewohnt Abraham. Zwei Räume bewohnen Sara und ihre Sklavin.
Sara ist schon aufgestanden. Abraham hört, wie sie der Sklavin Befehle gibt. Die Sklavin heißt Hagar. Abraham hat sie vor vielen Jahren auf dem Sklavenmarkt von ägyptischen Händlern gekauft. Damals ist Hagar noch ein Kind gewesen. Jetzt ist sie eine junge Frau. Sie hat langes schwarzes Haar und eine hellbraune Haut.
Abraham steht auf. Er zieht das Hemdkleid und den Hirtenmantel an. Über den Kopf stülpt er ein Tuch. Das Tuch schützt ihn vor den brennenden Sonnenstrahlen. Er schlüpft in die Ledersandalen und knüpft sie an den Knöcheln fest.
In einer Truhe hat Abraham kostbare Kleider. Aber er zieht diese Kleider nur an Festtagen an. Am liebsten trägt er seinen einfachen Hirtenrock.
Abraham nimmt den langen Hirtenstab und geht vor das Zelt. Ein Knecht bringt ihm in einer Tonschale Wasser. Der Knecht heißt Elieser. Elieser ist viel jünger als Abraham. Abraham hat ihn gern wie einen Sohn. Er hat keine Geheimnisse vor ihm. Elieser behält alles für sich. Er ist treu.
Abraham wäscht sich das Gesicht und die Hände.
Rund um das Zelt stehen viele andere Zelte. In einem der Zelte wohnt Abrahams Bruder Nahor. Früher sind sie drei Brüder gewesen: Abraham,

Nahor und Haran. Sie haben mit ihrem Vater und ihrer Mutter weit unten im Süden, in der Stadt Ur am Eufratfluß, gewohnt. Dann sind sie mit ihren Zelten und den Tieren den Eufratfluß entlang nach Norden gezogen, viele Monate lang. In der Nähe der Stadt Haran haben sie gutes Weideland gefunden. Darum sind sie hier geblieben. Dann ist der Vater gestorben. Und bald nach ihm Haran, der jüngste Bruder. Haran hatte einen Sohn, den Lot. Abraham hat Lot zu sich genommen.
Aber jetzt ist Lot schon lange erwachsen. Er ist verheiratet, hat zwei Töchter und eigene Schafherden. Auch Nahor hat einen Sohn. Er heißt Betuel. Er ist fünfzehn Jahre alt.
Abraham seufzt.
»Alle meine Brüder haben Söhne und Töchter«, denkt er. »Nur ich habe keine Kinder. Vielleicht nehme ich meinen Knecht, den Elieser, als Sohn an. Wenn ich dann sterbe, gehört alles ihm: meine Ziegen und Schafe, mein Gold und mein Silber, meine Knechte und Mägde.«
Mit einem Mal kommt es dem Abraham wieder in den Sinn: »Ich habe ja heute Nacht eine Stimme gehört! Abraham! hat sie gesagt. Verlaß deine Heimat und deine Verwandten! Geh in das Land, das ich dir zeige! Ich will dir viele Nachkommen schenken und dich zum Vater eines mächtigen Volkes machen!«
Abraham setzt sich unter das Vordach seines Zeltes. Die Sonne scheint schon heiß, aber im Schatten ist es angenehm. Abraham sieht, wie Sara das (Morgen)Essen bereitet. In einer kleinen Aushöhlung im Boden hat sie Feuer gemacht.
Am Rand der Aushöhlung stehen ein paar Steine. Über die Steine ist eine dünne Steinplatte gelegt. Das Feuer erhitzt die Platte.
Sara macht aus Mehl, Salz und Wasser einen Teig. Sie knetet den Teig in einem Holztrog. Sie formt aus Teigstücken dünne Fladen. Sie prüft mit dem Finger, ob die Steinplatte heiß genug ist. Jetzt legt sie den Teig darauf. Während der Brotfladen hellbraun und knusprig wird, formt Sara das nächste Brot. Die fertigen Brotfladen legt sie in eine Schüssel.
Der Geruch des frischen Brotes steigt Abraham in die Nase. Er hat Hunger. Er freut sich auf das Essen.
Jetzt bringt Sara das Brot. Sara ist eine zierliche, hübsche Frau. Obwohl sie nicht mehr jung ist, hat sie noch fast keine Runzeln, und ihre Haare sind erst ein wenig grau.
Abraham tätschelt seiner Frau die Wange. Er gibt ihr den Morgenkuß. Dann beißt er ins Brot.
»Ausgezeichnet!« sagt er. »Was habe ich für eine tüchtige Frau!«
Sara winkt ihrer Sklavin. Hagar bringt frische Milch, Käse und Gemüse.

»Die Zwiebeln habe ich auf dem Markt in Haran gegen ein Ziegenfell eingetauscht«, sagt Sara. »Ich habe auch noch Gurken, Linsen und ein Messer dafür eingehandelt.«
Abraham nickt.
»Würde es dir etwas ausmachen, Sara, wenn wir Haran verlassen würden?« fragt er.
Sara schaut ihn erstaunt an.
»Warum willst du Haran verlassen?«, fragt sie. »Wir haben hier doch genug Weideland und genug Wasser. Wir sind bei unseren Verwandten. Wir kennen die Leute in der Stadt und auf dem Land. Es geht uns so gut hier!«
»Gott hat es mir befohlen«, sagt Abraham. »Ich habe seine Stimme gehört.«
Sara zuckt die Achseln.
»Viele Menschen hören Stimmen«, antwortet sie. »Wer weiß, ob deine Stimme von Gott kommt?«
»Ich spüre es«, sagt Abraham.
»Wohin sollen wir denn gehen?« will Sara wissen.
»Das weiß ich auch nicht«, sagt Abraham.
»Aber in irgend einer Richtung müssen wir doch aufbrechen«, antwortet Sara. »Entweder gegen Morgen oder gegen Abend, gegen Mittag oder gegen Mitternacht.«
»Gott zeigt es mir, wenn wir uns auf den Weg machen«, sagt Abraham.
»Hat man schon so etwas gehört?« ruft Sara. »Alles aufgeben, ohne daß man weiß, was nachher kommt! Eine Reise anfangen ohne ein rechtes Ziel!«
»Gott hat es befohlen!« beharrt Abraham.
Sara schüttelt den Kopf.
»Ich weiß nicht, was in dich gefahren ist«, sagt sie. »Aber wenn du meinst, daß Gott es befohlen hat, dann mußt du gehorchen.«
Ein paar Tage später sind die Zelte abgebrochen und die Esel beladen. Abraham steht an der Spitze der großen Herde. Lot hat beschlossen, zusammen mit seiner Familie Abraham zu begleiten. Jetzt nehmen sie Abschied von den Verwandten. Auch aus der Stadt sind Menschen gekommen. Ein paar lachen.
»Der Abraham ist ein komischer Kauz«, sagen sie. »Von den fetten Weiden zieht er fort und weiß nicht einmal, wohin.«
»Welche Richtung schlagen wir jetzt ein?« fragt einer der Hirten Abraham.
Abraham schaut um sich.

Dann sagt er mit fester Stimme: »Wir gehen gegen Mittag. Der Sonne entgegen!«

Ein paar Wochen nach dem Aufbruch von Haran erreichen sie den Eufratfluß. Dort, wo die Straße durchgeht, gibt es eine Stelle, an der das Wasser nicht tief ist und wo man hinüberwaten kann. Ein paar junge Schafe getrauen sich nicht. Da nehmen die Hirten sie auf die Schultern. Sie bleiben einige Tage am Ufer des Flusses. »Wir waschen hier unsere Kleider!« befiehlt Sara ihrer Sklavin Hagar. »Wer weiß, wie lange es dauert, bis wir wieder an einen Fluß kommen.«
Die Mägde sammeln die Wäsche ein. Sie kauern sich am Flußufer nieder. Sie schwenken die wollenen Hemden und Hosen im Wasser. Sie reiben sie im Sand. Sie schlagen sie auf die Steine, die am Flußufer liegen. Sie wringen sie aus. Sie breiten sie zum Trocknen aus. Auch die Menschen waschen sich. Wie gut das kühle Wasser nach der langen Wanderung tut!
Bald brechen sie wieder auf. Der Weg führt über Berge und durch Täler. Manchmal begegnen ihnen Menschen. Es sind Nomaden wie sie. Mit ihren Herden suchen sie Weideplätze.
Ab und zu kommen sie an einer Stadt vorbei. Die Städte liegen auf Hügeln, und hohe Mauern schützen sie. Abraham und Sara tauschen in den Städten Schafe, Ziegen und Felle gegen Schmuck, Werkzeug und Gerste ein.
»Ich könnte nicht in einer Stadt wohnen«, sagt Abraham zu den Hirten. »In den engen und stinkenden Gassen würde ich ersticken.«
Eines Tages erreichen sie einen See. Er liegt eingebettet zwischen Hügeln und Bergen. Sein Wasser ist tiefblau. Auf dem See schwimmen Boote. Fischer werfen ihre Netze aus.
»Was für ein schöner See!« sagt Lot. »Und was für ein schönes Land! Hier könnten wir doch unsere Zelte aufschlagen und bleiben!«
»Nein«, sagt Abraham. »Wir gehen weiter. Gott hat mir nicht gesagt, daß wir hier bleiben sollen.«
Aus dem See schlängelt sich ein Fluß durch das Tal. Aber Abraham geht mit den Herden nicht durch das Tal. Sie steigen in die Berge hinauf. Hoch über dem Tal zieht sich der Weg dahin. Nach ein paar Tagen sehen sie, daß der Fluß in ein großes Gewässer mündet.
Ein paar Tage später, als sie müde auf dem Weg dahinziehen, sieht Abraham in der Ferne einen Baum. Der Baum hat eine breite Krone, und seine grünen Blätter leuchten in der Nachmittagssonne.
Als sie näher kommen, sieht Abraham, daß es eine Eiche ist. Eine so große Eiche hat Abraham noch nie gesehen.

»Der Baum muß viele hundert Jahre alt sein«, sagt er zu Sara. »Hier schlagen wir unsere Zelte auf, und mein Zelt muß unter dem Baum stehen.«
In dieser Nacht hört Abraham die Stimme wieder. Er weiß jetzt gewiß, daß es Gottes Stimme ist.
»Du bist jetzt in dem Land, von dem ich zu dir geredet habe«, sagt die Stimme. »Dieses Land will ich deinen Nachkommen geben.«
Am andern Morgen befiehlt Abraham seinen Knechten: »Holt Steine! Schichtet sie aufeinander! Es soll ein Altar für den Gott sein, der mit mir geredet hat!«
Abraham holt den schönsten Ziegenbock aus seiner Herde. Mit einem schnellen Schnitt in den Hals tötet er ihn. Er fängt das Blut in einer Tonschale auf und gießt es über den Altar.
»Im Blut ist das Leben«, denkt Abraham. »Und das Leben gehört Gott.«
Dann schneidet er das Fett und die Innereien aus dem Tier. Er macht auf dem Altar ein Feuer und verbrennt das Herausgeschnittene.
»Und jetzt«, ruft Abraham seinen Leuten zu, »feiern wir ein Fest. Schlachtet ein paar Schafe und Ziegen!«
Alle freuen sich. Überall werden Feuer angezündet. In großen Töpfen kochen sie das Fleisch. Sie essen und trinken. Zwei Hirten fangen an, auf ihren Flöten zu blasen. Die Frauen und die Männer singen alte Lieder. Die Mädchen und Burschen geben sich die Hände und tanzen.
Wehmütig schaut Sara auf die jungen Leute.
»Wenn wir doch auch Kinder hätten!« sagt sie zu Abraham.

Die Trennung

1. Mose 13,5-18; 15,1-6; 16,1-3

Vorbemerkungen

Die Völker, die vor den Israeliten das Gebiet von Palästina besiedelt hatten, wurden *Kanaaniter* (1. Mose 13,7) genannt. Die Kanaaniter oder Kanaanäer waren in kleinen Stadtstaaten organisiert, hatten feste Wohnsitze, bebauten das Land und trieben Handel. Gemeinsam war ihnen auch der Fruchtbarkeitskult. Am bekanntesten sind aus der Bibel die Göttin Aschera und der Gott Baal. Neben den Kanaanitern nennt das Alte

Testament oft auch noch andere Völkerschaften Kanaans, wie hier die *Peresiter,* die vielleicht zur Urbevölkerung gehörten. Der zweite Satz von 13, 7 ist eine spätere Beifügung, die man als solche an der Einleitung (»Damals aber wohnten...«) erkennt.

Über *Sodom, Gomorra* und *Zoar* siehe die Vorbemerkungen zur Erzählung »Sodom und Gomorra«, über *Weidwechsel* diejenigen zu »Das Versprechen«.

Beim *Gesicht* des Abraham in 15, 1 handelt es sich um eine Vision. Das hebräische Wort, aus dem der Begriff gebildet ist, kommt auch bei den Visionen der Propheten (z. B. Jesaja 1,1; Amos 1,1) vor.

Der Blick zum sternübersäten Nachthimmel war für Abraham keine Glaubenshilfe. Daß Gott ihn, der keinen Nachkommen hatte, zu einem so zahlreichen Volk machen wollte, wäre eher ein Grund zum Zweifeln gewesen. Aber Abraham glaubte, oder, wie die Bibel den *Glauben* umschreibt: Er machte sich fest in Gott. Dieses Gottvertrauen aber machte ihn gerecht. *Gerechtigkeit* ist im Alten Testament ein »gemeinschaftsbezogener Begriff«. »Gerecht ist, wer zur Gemeinschaft steht und wer für die Gemeinschaft eintritt.« (Ludwig Köhler, Theologie des Alten Testaments.) Gott steht zur Gemeinschaft, indem er Abraham begleitet. Abraham steht zur Gemeinschaft, indem er Gott vertraut. Der Ausdruck »*anrechnen*« stammt aus der Kultsprache. Er meint die Anerkennung einer Opfergabe durch den Priester. Genau so nimmt Gott Abrahams Vertrauen als seinen gemeinschaftsbezogenen Beitrag zum göttlichen Heilsplan an.

Die *Hagargeschichte* ist zweimal erzählt. In 1. Mose 16, 1 ff. liegt die Fassung des Jahwisten, in 1. Mose 21, 8 ff. diejenige des Elohisten vor. Saras resignierter Satz: »Der Herr hat mir nun einmal Kinder versagt« ist ihr Eingeständnis, daß Gottes Verheißung nicht eintrifft. Darum muß Sara zur Selbsthilfe greifen. Nach damaliger Sitte war es durchaus in Ordnung, wenn die Unfruchtbare dem Gatten die Leibmagd zur Zeugung eines Kindes übergab. Da die Magd Leibeigene war, galt das Kind als Kind der Herrin. Dies wurde dadurch bekräftigt, daß die Sklavin auf den Knien der Herrin gebären mußte. Das Kind kam dann symbolisch aus dem Schoß der Herrin.

Hebron war schon in kanaanäischer Zeit der bedeutendste Ort, der an der Straße von Jerusalem über das Gebirge Juda lag. In Hebron kaufte Abraham das Feld Machpela von einem gewissen Efron (1. Mose 23, 5 ff). Die Höhle auf diesem Feld war später Familiengrabstätte. Als David König über Juda wurde, residierte er siebeneinhalb Jahre in Hebron.

Mamre ist wahrscheinlich identisch mit dem Ort ramet el chalil, der sich

drei Kilometer nördlich von Hebron befindet. Es gab dort bereits in kanaanäischer Zeit ein Heiligtum. Aus konstantinischer Zeit wurde eine christliche Basilika ausgegraben.
Wie ich schon in den Vorbemerkungen zur Erzählung »Das Versprechen« ausgeführt habe, lokalisiere ich der Einfachheit halber den Zeltplatz Abrahams ganz allgemein im Gebirge.

Erzählung

»Das ist unser Feld«, sagt Lud zu Heber.
Lud ist Lots Oberhirte. Heber ist Abrahams Oberhirte. Lud und Heber sind stämmige Kerle mit dicken Muskeln an den Armen.
»Nein, das ist nicht euer Feld«, antwortet Heber. »Das Feld gehört dem Bauern Ofir.«
»Meinst du, das weiß ich nicht?« sagt Lud. »Ich bin gestern mit meinem Herrn, dem Lot, hier gewesen und habe zugeschaut, wie die Knechte des Bauern Ofir das Gerstenfeld gemäht haben. Sie haben mit ihren Sicheln die Gerste knapp unter den Ähren abgeschnitten und die Halme stehen lassen, wie es der Brauch ist. Der Lot hat dem Bauern Ofir zwei fette Schafe gegeben. Und darum hat ihm der Ofir erlaubt, daß seine Schafe und Ziegen heute das Feld abweiden dürfen. Und du hast mit deinen Schafen hier überhaupt nichts zu suchen.«
Heber stemmt die Hände in die Hüften.
»Die Schafe da,« sagt er, »gehören meinem Herrn, dem Abraham. Der Abraham ist der Onkel vom Lot. Er ist viel älter, viel reicher und viel mächtiger als Lot. Darum dürfen seine Schafe die Äcker vor den Schafen des Lot abweiden. Also: Mach Platz und laß die Schafe Abrahams auf das Feld.«
Lud schaut Heber finster an. »Wenn nur eines deiner Schafe auf das Feld trampelt«, sagt er drohend, »dann hau ich dir mit meinem Hirtenstock eine auf deinen Rücken, daß du bis zum Neujahrsfest nicht mehr sitzen und nur noch auf dem Bauch schlafen kannst.«
»Und ich zieh dir den Lederriemen meiner Steinschleuder über den Kopf, daß deine Haare herumfliegen wie die Federn einer gerupften Taube.«
»Ich erwarte jeden Augenblick meine zehn Unterhirten«, sagt Lud. »Die zerquetschen dich, wie ich eine Laus in meinem Bart zerdrücke.«
»Dann will ich dir einen Denkzettel verabreichen, bevor deine Unterhirten hier sind«, sagt Heber. Er geht auf Lud zu. Lud packt ihn und will ihn zu Boden werfen. Da schlingt Heber blitzschnell seinen kräftigen Arm um Luds Hals und drückt ihn an sich. Lud schnappt nach Luft. Er stößt

Heber den Ellbogen in den Bauch. Heber schreit auf. Lud gibt ihm einen Stoß. Heber fällt zu Boden. Als Lud sich auf ihn stürzen will, stemmt ihm Heber die Füße ins Gesicht. Lud blutet aus der Nase. Heber stöhnt. Aber beide ringen verbissen weiter.
Als die Unterhirten kommen, liegen die Streithähne erschöpft auf der Erde. Mühsam stehen sie auf. Der eine schwankt nach links, der andere nach rechts.
Jetzt dreht sich Lud um und hebt die Faust in die Höhe.
»Warte nur!« ruft er. »Ich sag's dem Lot!«
»Und ich sag's dem Abraham!« stößt Heber mühsam hervor.

Es ist Abend. Abraham sitzt unter der großen Eiche. Das ist sein Lieblingsplatz. Von hier aus sieht er auf den Weg, der über den Bergrücken führt. So kann er immer beobachten, ob ein Wanderer oder eine Karawane kommen.
»Onkel Abraham!«
Von den Zelten her kommen zwei Männer: Lot und sein Oberhirte Lud.
Abraham steht auf. Er geht Lot entgegen. »Das freut mich aber, daß du wieder einmal zu meinem Zelt kommst, Lot«, sagt Abraham. »Magst du ein wenig Milch und Brot? Oder willst du lieber Zwiebeln? Oder hast du richtig Hunger? Soll ich ein Ziegenböcklein schlachten lassen? Aber — was ist denn mit deinem Begleiter geschehen? Hat ihn ein Löwe angefallen? Oder ein Bär? Sein Gesicht ist ja ganz mit Blut verschmiert! Und seine Augen sind so geschwollen, daß er kaum noch etwas sehen kann!«
»Gerade deswegen komme ich zu dir«, sagt Lot. »Es ist kein Bär gewesen, der meinen Oberhirten Lud so zugerichtet hat. Und auch kein Löwe. Dein Oberhirte Heber hat ihn so zugerichtet.«
Abraham schlägt sich seine Hände an die Stirn. »Der Heber? Aber warum denn?«
Lot erzählt Abraham vom Streit der Hirten.
Abraham seufzt und schüttelt den Kopf. »Es ist ein Elend«, sagt er. »Bald jede Woche schlagen sich deine und meine Hirten die Köpfe blutig.«
»Das wundert mich nicht«, antwortet Lot. »Unsere Herden werden jedes Jahr größer. Aber das Land bleibt immer gleich groß. Die Tiere haben zu wenig Weide. Darum bekommen unsere Hirten wegen jedem Feld und jedem Grasplatz, wegen jedem Brunnen und wegen jeder Quelle Streit.«
Abraham nickt.
»Du hast recht, Lot«, sagt er. »Gott hat uns beide gesegnet. Aber wenn er uns so viel gegeben hat, dann sollten wir eigentlich nicht streiten. Wir gehören doch zur gleichen Familie, und Land gibt es genug. Falsch ist

nur, daß wir noch immer am selben Ort leben. Das beste ist, wenn wir uns trennen.«
Abraham steht auf. »Komm mit!« sagt er zu Lot. Die beiden Männer gehen zum Weg, der über den Bergrücken führt. Sie folgen dem Weg bis zu einer Biegung. Von hier aus können sie ins Tal schauen. Weit unten glitzern der Fluß und das große Gewässer, in das der Fluß fließt. Den Fluß nennen die Menschen Jordan, das große Gewässer Meer. Am Ende des Meeres breitet sich eine fruchtbare Ebene aus. Am Rand der Ebene liegen die Städte Sodom, Gomorra und Zoar.
»Du kannst wählen«, sagt Abraham zu Lot. »Wenn du lieber ins Tal hinunter gehen willst mit deinen Herden, dann bleibe ich mit meinen Tieren hier oben in den Bergen. Wenn du aber gerne hier bleibst, dann ziehe ich ins Tal.«
Lot schaut hinunter. Er sieht die grünen Wiesen, die Gemüsefelder, die Feigen- und Granatapfelbäume, die Städte mit den hellen Häusern und den hohen Mauern, die sie schützen.
»Dort unten ist es am schönsten«, denkt Lot. »Da haben meine Schafe und Ziegen immer genügend Weideplätze. Und vielleicht kann ich mir in Sodom oder in Gomorra ein Haus kaufen.«
»Ich gehe mit meinen Zelten und mit den Tieren ins Tal«, sagt Lot zu Abraham.
»Dann bleibe ich hier«, antwortet Abraham. »Und wenn du mich einmal brauchst, wenn es dir nicht gut geht oder du in Gefahr bist, dann schicke einen deiner Hirten zu mir! Ich komme dir dann mit meinen Leuten zu Hilfe.«
Abraham und Lot umarmen sich. Sie gehen zu den Zelten zurück und feiern Abschied.

In dieser Nacht hört Abraham Gottes Stimme zum dritten Mal.
»Erschrick nicht, Abraham!« sagt die Stimme. »Ich beschütze dich und mache dich reich!«
»Ja, ich bin reich«, murmelt Abraham. Er stellt sich all das vor, was er besitzt: seine großen Schaf- und Ziegenherden, die vielen Zelte, die Knechte und Mägde und das Silber, das er im Gurt und in der Truhe aufbewahrt.
»Aber wozu hast du mich denn reich gemacht, Herr?« sagt Abraham leise. »Sara und ich haben ja keine Kinder! Was soll der ganze Reichtum, wenn nach unserem Tod mein Diener Elieser alles bekommt?«
Abraham wälzt sich auf seinem Lager hin und her. Seine Augen sind naß. Jetzt schlägt er die Decke zurück. Er zieht seinen Hirtenrock an. Er greift

nach seinem Stab. Durch die Dunkelheit tastet er sich zum Ausgang des Zelts. Er steigt zum Weg hinauf und geht durch die Nacht bis zur Biegung, wo er am Nachmittag mit Lot gewesen ist. Das Tal ist dunkel. Über den Bergen funkeln am Himmel die Sterne.
Da ist die Stimme wieder!
»Schau dir die Sterne an, Abraham!« befiehlt sie. »Kannst du sie zählen?«
Abraham stützt sich auf den Stab. Je länger er in den Himmel schaut, desto mehr Sterne sieht er: Hunderte, Tausende, Zehntausende, Millionen von Sternen, große, kleine, leuchtende, weniger helle.
»So wenig du die Sterne zählen kannst, so wenig wird man einmal deine Nachkommen zählen können«, sagt die Stimme.
»Wie soll ich das glauben?« denkt Abraham. »Ich habe keinen Sohn und keine Tochter und soll der Vater eines so großen Volkes werden? — Wie hat doch Sara gesagt: Viele Menschen hören Stimmen! Ist die Stimme, die in mir redet, wirklich Gottes Stimme?«
Ein Nachtvogel fliegt nahe an Abraham vorbei.
»Es ist Gottes Stimme!« sagt Abraham laut. »Ich vertraue dir, mein Herr!«
Da wird es Abraham leicht ums Herz. Er geht zurück zu den Zelten. Er wickelt sich in die Decken und schläft ein.

Am andern Morgen läßt Lot seine Zelte abbrechen. Die Knechte laden alles Gepäck auf die Esel. Dann bildet sich ein langer Zug von Menschen und Tieren.
Abraham und Sara schauen ihnen nach, wie sie auf schmalen Wegen vom Gebirge ins Tal hinunterziehen.
»Jetzt sind wir allein«, sagt Sara zu Abraham. »Zwei alte Leute. Ohne Kinder.«
Abraham schweigt.
»Wenn wir einmal sterben«, sagt Sara, »bekommt Elieser alles, was wir haben.«
»Gott kann uns einen Sohn schenken, wenn er will«, antwortet Abraham.

»Ja, wenn er will«, antwortet Sara. »Aber er will nicht. Und darum müssen wir etwas tun.«
Abraham schaut Sara an. Obwohl die Sonne untergegangen ist und es schnell dunkel wird, sieht er, wie Sara verschmitzt lächelt.
»Ich gebe dir meine Sklavin, die Hagar«, sagt sie. »Wenn sie dann ein Kind bekommt, ist es mein Kind. Unser Kind.«
Abraham schüttelt den Kopf.

»Nein!« sagt er. »Gott hat zu mir gesagt, daß er aus mir ein großes Volk macht. Sollen wir nicht doch lieber warten und auf Gott vertrauen?«
»Jetzt wird nicht mehr gewartet«, antwortet Sara. »Wer weiß, wie lange wir noch leben! Wer weiß, ob das, was du gehört hast, wirklich Gottes Stimme gewesen ist! Du wirst jetzt die Hagar zu dir nehmen, und dann haben wir bald ein Kind. Dann ist alles in Ordnung. Ich freue mich jetzt schon darauf.«
Es ist ganz dunkel geworden, und am Himmel funkeln die Sterne.
»Jetzt ist Lot schon im Tal unten«, sagt Abraham.

Der Besuch

1. Mose 18; 16,15

Vorbemerkungen

Ich beginne die Erzählung mit der Schilderung der Zustände in Sodom, wo sich indessen Lot niedergelassen hat. Näheres über *Sodom* und *Gomorra* siehe in den Vorbemerkungen zur Erzählung »Sodom und Gomorra«!
Nahe verwandt mit der Erzählung von der Einkehr Gottes bei Abraham ist die griechische Sage, nach der Zeus, Poseidon und Hermes den kinderlosen Hyrieus in Böothien besucht haben. Nachdem er seine Gäste bewirtet hatte, verhalfen ihm die Götter zum lang ersehnten Sohn Orion. Wahrscheinlich wurden solche Sagen in verschiedenen Kulturen überliefert. Die im Alten Testament mit der Abrahamserzählung verbundene Geschichte hat jedoch eine neue Gestalt bekommen: sie ist zur Glaubensaussage geworden. Der Leser bemerkt schnell, daß in der Bibel die Besucher eigentümlich verschwommen sind. In Vers 1 erscheint nur Jahwe. In Vers 2 stehen mit einem Mal drei Männer vor Abraham. In Vers 9 ist das Subjekt die dritte Person Mehrzahl, in Vers 10 die dritte Person Einzahl. Man kann diese Tatsache verschieden deuten: Vielleicht sind zwei Erzählungen — eine vom Besuch eines Gottes und eine vom Besuch dreier Gottheiten — in eine Erzählung verwoben worden. Der biblische Erzähler hat die Doppelspurigkeit aber absichtlich nicht bereinigt, weil sie wie ein Schleier das Geheimnis Gottes umgibt. Die Zahl drei symbolisiert ja in vielen Religionen eine einzige, aber dynamische Gottheit. Man kann aber auch annehmen, daß Jahwe von zwei Boten begleitet wird. Ich weise in der Erzählung mit keinem Wort darauf hin, daß die Besucher Gott oder Engel sind. Die Kinder kommen von selber drauf, daß es sich hier

nicht um irdische »Fremde« handelt. Wenn ich diese Szene zeichnen lasse, stellen die Kinder die Fremden fast ausnahmslos so dar, daß in Gestalt und Farbe das Geheimnisvolle der Begegnung zum Ausdruck kommt.
Das *Ringen Abrahams mit Gott* ist von anderer Art als dasjenige Jakobs am Jabbok. Abraham weiß, daß er als Mensch nicht mit Gott rechnen darf. Das Problem, warum Gott die Menschen böse sein läßt und sie dann bestraft, kam bei den Israeliten nicht zur Sprache, weil Gottes Wille vom sterblichen Menschen nicht in Frage gestellt werden konnte. In unserem Abschnitt ringt Abraham vielmehr um Gottes Gerechtigkeit, die — wie auch die menschliche Gerechtigkeit — gemeinschaftsbezogen ist. Wie aber, wenn ein Teil der Menschen diese Gemeinschaft verletzt? Wenn sie gegen die Gebote Gottes und der Mitmenschlichkeit handeln? Die Erzählung gibt die Antwort: Gott ist ein gnädiger Gott. Er verschont viele Schuldige, um wenig Unschuldige nicht ins Verderben zu stürzen. Die spätere Vorstellung, daß Gott den Einzelnen aufgrund seines Verhaltens bestraft, gab es damals noch nicht. Man kannte in alter Zeit nur die Kollektivhaftung: Entweder Strafe oder Vergebung für alle.
Aus der Hagarerzählung nehme ich hier nur Hagars Hochmut (1. Mose 16, 4) und die Geburt *Ismaels* (»Gott erhört«, 1. Mose 16, 15) auf.

Erzählung

Es ist spät am Morgen. Auf dem Platz beim Stadttor von Sodom ist Markt. Es riecht nach Gemüse, nach Früchten und Fischen. Die Bauern und Händler wollen vor dem Mittag den Rest ihrer Waren verkaufen. Einer ruft lauter als der andere:
»Saftige Gurken! Wer zehn kauft, bekommt zwei geschenkt!«
»Knoblauch und Zwiebeln!«
»Frische Fische! Frische Fische!«
Um den Stand des Salbenmischers stehen am meisten Leute. »Kauft meinen Wunderbalsam!« ruft er. »Er heilt Wunden! Er glättet Runzeln! Er macht die Haare schön und glänzend! Er pflegt die Hände und die Füße! Kauft meinen Wunderbalsam!«
In der Schenke »Zum Tor von Sodom« gröhlen Betrunkene. Ein Spielmann mit einer Laute singt soeben den neuesten Schlager:

»Hast du Sorgen, hast du Kummer,
raubt der Kummer dir den Schlummer,
bist nicht fröhlich, bist nicht froh,
alter Kumpel, dann mach's so:

Tu noch heut dein Weib verkaufen
und das Geld beim Wein versaufen.
Mag die Welt zusammenkrachen!
Laßt uns trinken, laßt uns lachen!«

Die Gäste in der Schenke heben ihre Becher in die Höhe. Sie trinken. Der Spielmann tänzelt hin und her und wiegt sich in den Hüften. Er wackelt mit dem Kopf und singt die zweite Strophe:

»Hast du Schulden bis aufs Dach?
Schlägt der Geldverleiher Krach?
Ist der Richter grob und roh?
Alter Kumpel, dann mach's so!«

Die Gäste nehmen sich an den Händen, bewegen sich im Takt nach links und rechts und singen beim Refrain laut mit:

»Tu noch heut dein Weib verkaufen
und das Geld beim Wein versaufen.
Mag die Welt zusammenkrachen!
Laßt uns trinken, laßt uns lachen!«

Vor der Schenke sitzen Frauen an Holztischen. Sie sind auffällig gekleidet. Sie trinken gewürzten Wein. Ihre Kleider haben tiefe Ausschnitte. Sie tragen glitzernde, große Ohrringe. Ihre Lippen sind grellrot angemalt, und auf den Augenlidern glänzt Goldstaub.

Nicht weit vom Stadttor hockt ein blinder Bettler. Vor ihm liegt ein Tongeschirr. Im Geschirr liegen einige Münzen. Jetzt kommen ein paar Gassenbuben daher. Sie schleichen zum Tongeschirr. Einer greift hinein. Er packt die Münzen. »Hurra!« schreien die anderen. Sie stieben davon. Der Blinde hebt den Kopf. Er flucht und steht auf. Er will die Buben fangen. Er tappt umher. Wild schlägt er mit seinem Stock um sich. Die Buben rufen: »Da bin ich! — Nein da! — Huhuuu!« Einer tappt ihm mit der Hand auf die Schulter. Der Bettler will sich auf ihn stürzen. Aber da stellt der Bub das Bein vor. Der Blinde stolpert. Er liegt auf dem Bauch und windet sich. Männer und Frauen bleiben stehen. Ein paar Gäste stürzen aus der Schenke. Sie kreischen und lachen. »Seht euch den blinden Jobab an!« ruft eine Frau. »Ich glaub, der sucht sich einen Regenwurm zum Mittagessen!«

Beim Stadttor sitzt Lot. Er hat sich in Sodom ein Haus gekauft. Es ist ein schönes Haus. Seine Hirten weiden vor der Stadt die Herden. Lot ist

reich. Er muß nicht mehr arbeiten. Am Morgen und am Nachmittag sitzt er beim Stadttor. Er sieht, wer in die Stadt kommt und wer hinausgeht. Er sieht auch, wie die Buben es mit dem Blinden treiben. Schon will er aufstehen und dem Bettler helfen. Aber er bleibt sitzen. Schon zweimal hat er sich für den Blinden gewehrt. Einmal hat er einem der Jungen eine auf den Hintern gehauen. Aber da haben die Leute von Sodom zu ihm gesagt: »Du bist nicht von hier, Lot! Misch dich nicht in unsere Angelegenheiten! Sei froh, wenn wir dich in der Stadt dulden.«
Lot seufzt. »Die Menschen, die hier leben, sind nicht gut«, denkt er. »Vielleicht wäre es besser gewesen, wenn ich bei Abraham in den Bergen geblieben wäre.«
Lot steht auf. Es ist Mittag. Er geht nach Hause.

Um die gleiche Zeit sitzt Abraham beim Eingang seines Zeltes, unter der Eiche. Im Schatten des Baumes ist es kühl. Die Straße liegt verlassen da. Weit und breit ist kein Mensch und auch kein Tier zu sehen. Im Innern des Zeltes hantiert Sara mit Töpfen. Im Zelt nebenan singt Hagar. Vor ein paar Wochen hat Hagar einen Sohn geboren. Abraham hat ihm den Namen Ismael gegeben.
»Es ist ein gesundes und schönes Kind, das du auf die Welt gebracht hast«, hat Abraham zu Hagar gesagt. Aber da hat Sara laut dazwischengerufen: »Es ist mein Sohn. Hagar kann ihm zu trinken geben. Aber sobald der Ismael nicht mehr von ihrer Brust trinkt, kommt er zu mir ins Zelt.«
Hagar hat Sara spöttisch angeschaut.
»Du mußt mich nicht von oben herab ansehen, weil ich keine Kinder habe«, hat Sara gesagt. »Wenn ich will, kann ich dich jederzeit fortjagen. Vergiß nicht, daß du meine Sklavin bist.«
Abraham schüttelt den Kopf. Er liebt den Frieden und hat es nicht gern, wenn die Frauen miteinander streiten. Sara hat ja nicht warten können, bis das Kind da war. Und jetzt hat sie dauernd etwas an ihrer Sklavin auszusetzen.
Abraham hört ein Geräusch. Er schaut auf. Wenige Schritte vor ihm stehen drei Männer. Es sind Fremde. Abraham hat sie noch nie gesehen.
»Wo die so schnell hergekommen sind?« denkt Abraham. Er steht auf. Denn wenn Fremde vorbeikommen, dann muß man sie begrüßen und sie zum Essen einladen. So will es der Brauch der Gastfreundschaft.
Abraham verneigt sich vor den Männern. Einer ist vornehmer gekleidet als die andern. Abraham wendet sich an ihn:
»Ich heiße Abraham«, sagt er. »Ich bin nur ein einfacher Hirte. Ich wohne

hier mit meiner Frau, der Sara, und mit meinen Knechten und Mägden in den Zelten. Es freut mich, daß ihr meine Gäste sein wollt.«
Ohne eine Antwort abzuwarten, wendet sich Abraham um und ruft: »Elieser!«
Elieser kommt aus einem der Zelte.
»Bring Wasser!« befiehlt Abraham. »Es sind drei Gäste da. Sie wollen sich die Füße waschen!«
Elieser bringt das Wasser in drei Becken.
»Macht es euch unter dem Baum bequem«, sagt Abraham zu den Männern. »Ich will in der Zwischenzeit etwas zum Essen und zum Trinken holen.«
»Danke«, sagt der vornehm gekleidete Fremde.
Abraham geht ins Zelt.
»Wir haben Besuch bekommen«, sagt er zu Sara. »Drei Männer, und einer ist ganz vornehm gekleidet. Die andern beiden scheinen seine Diener zu sein. Schnell, Sara! Nimm drei Schüsseln vom besten Mehl und backe frisches Brot und Kuchen!«
Abraham verläßt das Zelt. Am Rand der Zeltstadt weiden ein Teil der Schafe und Rinder. Abraham sucht ein Kalb aus. »Schlachte das Tier«, befiehlt er Elieser. »Und bereite es zu. Wenn das Fleisch gar ist, richte es auf einer Schüssel an und bring es den Gästen!«
Abraham bringt in einem Krug frisches Wasser. Er füllt drei Becher. Er läßt die Fremden trinken. Dann holt er die Brote, die Sara hinter dem Zelt gebacken hat, einen Krug Milch und saure Sahne. Er eilt vom Zelt zum Baum und vom Baum zum Zelt und bedient die Gäste. Jetzt kommt Elieser mit dem gekochten Fleisch.
Die Fremden essen. Sie lassen sich Zeit. Abraham sieht, daß es ihnen schmeckt. Immer wieder füllt er ihnen die Teller.
Endlich sind sie fertig. Sie wischen sich mit dem Handrücken den Mund ab.
»Wo ist deine Frau Sara?« will der Mann mit den vornehmen Kleidern wissen.
»Sie ist im Zelt«, antwortet Abraham.
»Dann hör gut zu!« sagt der Fremde. »In einem Jahr, um die gleiche Zeit, komme ich wieder zu dir. Bis dann wird Sara einen Sohn haben.«
Hinter dem Zelteingang hört man ein Lachen. Sara hat heimlich alles mit angehört, was der Mann gesagt hat. Jetzt lacht sie in sich hinein. »Ich bin doch viel zu alt, um noch ein Kind zu bekommen«, denkt sie.
»Warum lacht Sara?« fragt der Fremde. »Warum glaubt sie nicht, daß sie noch ein Kind bekommen kann? Für Gott ist nichts unmöglich! Es bleibt

bei dem, was ich gesagt habe: Wenn ich wieder vorbeikomme, hat Sara einen Sohn!«
»Ich habe nicht gelacht!« ruft Sara aus dem Zelt. Sie weiß, daß sie lügt. Aber sie lügt aus Angst. Der Fremde ist ihr unheimlich.
»Doch, Sara, du hast gelacht!« sagt der Fremde.
Die Männer stehen auf. Sie klopften sich das Laub und den Staub aus den Kleidern.
»Wollt ihr schon gehen?« fragt Abraham.
»Wir haben noch einen weiten Weg vor uns«, antwortet der Fremde.
»Dann will ich euch, wie es der Brauch ist, noch ein Stück weit begleiten«, sagt Abraham.
Sie gehen zum Weg hinauf, der über den Bergrücken führt. Die Sonne steht schon tief, und die Schatten werden immer länger. Sie kommen zur Wegbiegung. Weit unten sehen sie den Jordan und das große Gewässer, zu dem die Menschen Meer sagen. Die letzten Sonnenstrahlen fallen auf die Städte Sodom und Gomorra.
Der Fremde bleibt stehen, während seine beiden Begleiter weitergehen.
»Ich habe dir noch etwas zu sagen, Abraham«, sagt der Fremde. »Ich habe gehört, daß die Menschen, die dort unten in Sodom und Gomorra wohnen, schlechte Menschen sind. Sie plagen die Schwachen. Sie tun nicht, was recht ist. Sie nehmen keine Rücksicht auf die Fremden. Ihre Schuld schreit zum Himmel. Darum will ich jetzt ins Tal hinuntersteigen und mir die Sache ansehen. Wenn es so ist, wie ich gehört habe, dann will ich Sodom und Gomorra vernichten.«
Abraham erschrickt. Lot kommt ihm in den Sinn.
»Herr«, sagt Abraham, »es gibt doch in Sodom bestimmt nicht nur schuldige Menschen. Willst du denn die Schuldlosen mit den Schuldigen zusammen sterben lassen? Vielleicht gibt es in Sodom fünfzig Leute, die nichts Unrechtes gemacht haben. Willst du dann nicht die Stadt verschonen, um sie zu retten?«
Der Fremde denkt nach. Dann nickt er. »Gut«, sagt er. »Wenn ich in der Stadt fünfzig unschuldige Menschen finde, will ich Sodom verschonen.«
Abraham verneigt sich. »Ich habe mich getraut, dich um etwas zu bitten, obwohl ich nur ein einfacher Hirte bin«, sagt er. »Aber vielleicht gibt es in Sodom nur fünfundvierzig Menschen, die nicht schuldig geworden sind. Willst du dann, weil es fünf weniger sind als fünfzig, die ganze Stadt vernichten?«
Der Fremde schüttelt den Kopf. »Wenn es fünfundvierzig Unschuldige in Sodom gibt, will ich der Stadt nichts antun.«
»Und wenn es nur vierzig sind?« fragt Abraham schnell.

»Auch dann verschone ich die Stadt«, antwortet der Fremde.
»Entschuldige, Herr«, sagt Abraham, »und sei mir nicht böse, wenn ich nochmals frage. Aber was geschieht, wenn es nur dreißig sind?«
»Dann lasse ich die Stadt bestehen wegen der dreißig«, sagt der Fremde.
»Und wenn es nur zwanzig sind?«
»Ich verschone die Stadt.«
»Nur noch eine einzige Frage, Herr«, sagt Abraham. »Was tust du, wenn es nur zehn sind?«
»Ich verschone die Stadt, auch wenn es nur zehn sind«, sagt der Fremde. Jetzt wendet er sich von Abraham ab und geht auf dem Weg weiter. Abraham aber schaut noch einmal ins Tal hinunter. Die Städte liegen schon im Schatten, und auch hier oben geht die Sonne unter. Da macht sich Abraham auf den Heimweg.

Sodom und Gomorra

1. Mose 19, 1-26

Vorbemerkungen

Ende des Tertiärs — vor ungefähr 10 Millionen Jahren — stürzte der Jordangraben ein (etwa gleichzeitig mit der Hebung der Alpen), und es bildete sich ein Binnensee, der durch das ganze Tal bis zum See Genezaret reichte. Trockenperioden, in denen der See zurückging, wechselten mit feuchten Zeiten, in denen sich das Tal wieder mit Wasser füllte. Zur Zeit, in der unsere Erzählung handelt, breitete sich im südlichen Teil des Toten Meeres eine fruchtbare Ebene aus. Am Rand der Ebene lagen u.a. die Städte *Sodom*, *Gomorra* und *Zoar*. Untersuchungen haben ergeben, daß Sodom die größte dieser Städte war und 42 Quadratkilometer umfaßte. Sodoms Mauern waren 3,15 Meter bis 7 Meter dick. Imposante Wachtturm-, Tempel- und Altargrundrisse sowie großzügige Weinpresseanlagen zeugen von einer wohlhabenden Metropole des Altertums. Bei den Ausgrabungen mußten meterhohe Schichten schwammiger Schlacke weggeräumt werden. Man nimmt an, daß die ganze Region durch Erdbeben und Schwefelbrand um 2450 — 2350 v. Chr. zerstört worden ist. Als Folge des Bebens überspülte das Tote Meer einen großen Teil der südlichen Ebene, den heutigen südlichen Salzmeerzipfel, an dessen Ufer die israelitischen Pottasche-Werke Düngemittel schürfen. Heute ist das *Tote Meer* (hebräisch: Salzmeer) an seinen größten Ausdehnungen 78 Kilo-

meter lang und 17 Kilometer breit. Eine Halbinsel (el-lisan, »die Zunge«) bezeichnet die Grenze zwischen dem tieferen Teil des Beckens im Norden (Wassertiefe bis 400 Meter) und dem flacheren im Süden (maximale Wassertiefe etwa 6 Meter). Sodom lag etwa 5 Kilometer südlich vom Meer, Gomorra etwa 8 Kilometer und Zoar (»Kleinigkeit«) etwa 11 Kilometer.
Den einwandernden Israeliten mußte Kanaan mit seinem Fruchtbarkeitskult und der Tempelprostitution als etwas zutiefst Verwerfliches vorkommen. Sodom steht hier — wie auch an andern Stellen der Bibel — als das Beispiel einer verkommenen Stadt dieses verkommenen Landes. Wenn die Gottesboten das Volk mit »Blindheit« schlagen, so ist damit ein Geblendetsein, ein »Irrsehen«, gemeint. Ich stelle das mittels einer trunkenen und betrunkenen Menge dar, die hilflos herumtorkelt und nicht mehr weiß, was sie tut.
Die Erzählungen von Sodom und der *Salzsäule* sind ursprünglich selbständige Sagen gewesen, sind dann aber mit der Überlieferung von der Katastrophe verbunden worden. Durch die Erosion am Toten Meer entstehen Säulen aus Steinsalz, die bald wieder verfallen und in denen man beim phantasievollen Betrachten — wie beispielsweise auch in den Cumuluswolken — Figuren erkennen kann. An eine oder mehrere solcher Salzsäulen rankte sich die Geschichte von Lots Frau. Wichtig ist auch hier nicht das Ereignis, sondern das, was die Geschichte lehren will: Gottes Handeln ist dem Menschen oft unbegreiflich. Nie kann er hinter Gottes Geheimnis kommen. Will er es ergründen, dann überlebt er nicht. Ähnliches drückt die Paradiesgeschichte aus: Wer vom Baum der Erkenntnis ißt, muß sterben. Auch in einigen Prophetenvisionen ist davon die Rede (zum Beispiel Jesaja 6, 5).

Erzählung

Es ist Abend. Lot sitzt beim Stadttor von Sodom. Auf dem Torplatz sammeln die Armen, die vor der Stadt wohnen, die Abfälle vom Markt ein. Streunende Hunde knurren. Sie balgen sich um die Fischköpfe und um die Knochen, die herumliegen. Der Torwärter bläst ins Horn. Wer noch zur Stadt hinaus oder in die Stadt hinein will, muß sich beeilen. In kurzer Zeit werden die Tore geschlossen.
Allmählich wird es still auf dem Marktplatz. Nur noch aus der Schenke »Zum Tor von Sodom« tönt Lärm. Männer und Frauen singen:

»Hast du Sorgen, hast du Kummer,
raubt der Kummer dir den Schlummer,

bist nicht fröhlich, bist nicht froh,
alter Kumpel, dann mach's so:

Tu noch heut dein Weib verkaufen
und das Geld beim Wein versaufen.
Mag die Welt zusammenkrachen!
Laßt uns trinken, laßt uns lachen.«

Da kommen durch das Tor noch zwei Männer in die Stadt. Sie sind jung. Die Haare fallen ihnen über die Schultern. Einer trägt einen blauen Reisemantel, der andere einen braunen langen Rock. Ihre Sandalen und ihre Füße sind staubig. Man sieht, daß sie eine lange Wanderung hinter sich haben. Auf dem Marktplatz bleiben sie stehen und sehen sich um.
Lot hat alles genau beobachtet. Er steht auf. Er geht auf die Männer zu. Er verbeugt sich vor ihnen. »Ihr seid bestimmt fremd hier«, sagt er.
»Ja«, antwortet der im blauen Mantel. »Wir wollen über Nacht in Sodom bleiben und suchen eine gute Herberge.«
Lot schüttelt den Kopf. »Es gibt keine guten Herbergen in Sodom. Aber kommt doch mit mir! Ich habe genug Platz in meinem Haus.«
»Wir wollen dir keine Umstände machen«, sagt der Fremde im blauen Mantel. »Wir können auch im Freien übernachten. Hier auf dem Marktplatz. Es ist ja Sommer.«
»Das würde ich euch nicht anraten«, antwortet Lot. »In Sodom achtet man das Gastrecht nicht besonders!« Lot deutet auf die Schenke. »Wenn euch das betrunkene Gesindel auf der Gasse findet, dann raubt es euch aus oder macht noch etwas Schlimmeres mit euch.«
»Wenn es so ist«, sagt der mit dem blauen Mantel, »dann kommen wir gern zu dir.«
Lot führt seine Gäste durch die schmalen Gassen von Sodom. Der Weg führt auf einen Hügel hinauf. Hier steht Lots Haus. Es ist ein schönes Haus. Lot öffnet die große Holztür. Sie treten in ein großes Zimmer. Der Boden ist mit gebrannten Ziegelsteinen gepflastert. Den Wänden entlang liegen Polster. Eine offene Tür führt in einen Hof. Im Hof brennt ein Feuer. Lots Frau und die beiden Töchter kochen das Essen.
»Ich habe zwei Gäste mitgebracht«, ruft Lot den Frauen zu. »Es sind Fremde. Sie essen mit mir und verbringen die Nacht hier.«
Eine der Töchter bringt in einem Becken Wasser. Die Fremden waschen sich die Füße. Dann ruhen sie sich auf den Polstern aus.
Als es dunkel wird, zündet Lot Öllampen an. Lots Frau bringt das Essen.
»Ihr könnt heute nacht hier auf den Polstern schlafen«, sagt Lot. »Macht es euch so bequem wie zu Hause.«

Da ertönen auf der Gasse draußen Stimmen. Menschen rufen einander etwas zu, lachen, gröhlen, schreien. Der Lärm wird immer größer.
Lot geht zur Tür. Er öffnet sie einen Spalt und späht nach draußen. Die ganze Gasse ist vollgestopft mit Männern. Ein paar tragen Fackeln. Fast alle haben Weinkrüge in der Hand. »Lot! Lot! Lot!« rufen sie. »Wo sind die Männer, die heute abend zu dir ins Haus gekommen sind? Meinst du, wir hätten sie nicht gesehen von der Schenke aus? Gib uns die Kerle heraus!«
Lot schließt die Tür.
Die Frauen sind vom Hof ins Zimmer gekommen. Ängstlich schmiegen sie sich aneinander. Die Menge poltert an die Tür. »Lot! Lot! Lot!« schreien die Männer.
»Sie haben Böses mit euch im Sinn«, sagt Lot zu den Fremden. »Bleibt hier. Ich gehe hinaus. Vielleicht kann ich sie beruhigen.«
Lot schlüpft ins Freie. Er zieht die Tür hinter sich zu.
»Nicht dich wollen wir!« schreit ihn ein Betrunkener an. »Gib uns die Fremden heraus.«
Lot hebt die Hände in die Höhe.
»Es gibt ein altes Recht«, ruft er. »Es sagt, daß man fremde Leute bei sich aufnehmen, sie gut behandeln und sie schützen soll. An dieses Recht halte ich mich. Die beiden Männer, die bei mir sind, sind meine Gäste. Ich gebe euch, was ihr wollt: Gold, Silber, Essen und Trinken. Aber die Fremden gebe ich euch nicht.«
Da drängt sich ein großer Kerl mit einem Weinkrug in der Hand durch die Menge. »Du hergelaufener Hund!« lallt er. »Seit ein paar Monaten bist du in Sodom und willst uns Vorschriften machen. Dir will ich's zeigen!«
Er hebt den Weinkrug in die Höhe.
Da öffnet sich hinter Lot die Tür. Einer der Fremden zieht Lot blitzschnell ins Haus und verriegelt die Tür. Verdutzt stehen die Männer von Sodom auf der Gasse. Noch immer hält der Kerl den Weinkrug in die Höhe. »Der Lot hat sich in Luft aufgelöst!« stammelt er.
»Der Lot hat sich in Luft aufgelöst«, murmelt die Menge.
»Das geht nicht mit rechten Dingen zu!« sagt einer.
»Wir sind alle betrunken!« ruft ein anderer.
Jetzt reden alle durcheinander. Ein paar fangen an zu singen:

»Tu noch heut dein Weib verkaufen
und das Geld beim Wein versaufen.
Mag die Welt zusammenkrachen!
Laßt uns trinken, laßt uns lachen!«

Die Männer scheinen vergessen zu haben, warum sie zum Haus Lots gekommen sind. Singend und lärmend schwanken sie davon.
Lot atmet auf. Er hat gemerkt, daß die Männer, die er zu sich genommen hat, keine gewöhnlichen Fremden sind.
»Gott hat uns nach Sodom geschickt«, sagt der mit dem blauen Mantel. »Die Stadt geht unter, sobald die Sonne aufgeht. Verlasse Sodom mit deiner Familie so schnell wie möglich! Und wenn du noch Bekannte in der Stadt hast, die du mitnehmen willst, dann hole sie jetzt!«
Lot schaut die Fremden erschrocken an. »Meine beiden Töchter sind verlobt«, sagt er. »Ihre Freunde wohnen in der Stadt. Ich hole sie!«
Lot wendet sich an seine Frau: »Pack inzwischen das Nötigste zusammen! Die Mädchen können dir helfen!«
Lot geht auf die Gasse. Es ist stockdunkel. In der Ferne hört er noch den Lärm der Betrunkenen. Er geht durch die Gassen. Jetzt steht er vor dem Haus des Verlobten. Er klopft an die Tür.
»Wer ist da?« fragt eine verschlafene Männerstimme.
»Ich bin's, Lot! In ein paar Stunden wird Sodom zerstört!«
Der Mann im Haus gibt keine Antwort.
»Ich habe gesagt: In ein paar Stunden wird Sodom zerstört!« ruft Lot.
Der Mann im Haus lacht. »Hast du zuviel Wein getrunken, Lot?« fragt er.
»Nein, ich weiß es ganz bestimmt. Zieh dich an und verlasse mit meiner Familie die Stadt.«
»Entweder hast du einen bösen Traum gehabt oder du spinnst«, ruft der Mann im Haus. »Geh heim ins Bett und laß mich in Ruhe!«
»Sodom geht unter!« ruft Lot. »Du bist mit meiner Tochter verlobt! Komm mit!«
Jetzt wird der Mann im Haus zornig.
»Ich verzichte auf deine Tochter!« ruft er. »Ich will keinen Idioten zum Schwiegervater!«
Lot geht zum anderen Verlobten. Aber auch der lacht ihn aus.
Jetzt eilt Lot nach Hause. Die Männer stehen schon unter der Tür. »Mach schnell!« sagen sie zu Lot. »Verlasse die Stadt mit deiner Familie! Sonst trifft die Strafe auch euch!«
Lot zögert. Mißtrauisch schaut er die Fremden an. »Vielleicht«, denkt er, »haben die Schwiegersöhne doch recht. Vielleicht sind die beiden Fremden Verrückte und halten mich zum Narren.«
Da packen die beiden Männer Lot. Sie ziehen und schieben ihn durch die Gassen. Lot will sich wehren. Aber er kann nicht. »Kommt mit!« rufen die Fremden Lots Frau und den Mädchen zu.

Am Stadttor sitzt der Wächter auf der Steinbank. Er schnarcht. Die Männer öffnen die kleine Tür neben dem Tor und führen Lot und seine Familie ins Freie. Erst als sie auf dem Feld sind, lassen sie Lot los.
»Es geht um euer Leben!« sagen sie. »Lauft, so schnell ihr könnt! Bleibt nicht stehen! Schaut nicht zurück! Steigt hinauf ins Gebirge!«
»Aber dazu reicht die Zeit doch nicht mehr!« sagt Lot. Er hat Angst. »Das Gebirge ist viel zu weit weg«, sagt er. »Wir werden es nicht erreichen, bis die Sonne aufgeht. Können wir nicht nach Gomorra gehen?«
»Nein, Gomorra geht auch unter!«
»Aber nach Zoar?«
»Gut«, sagt der Fremde im blauen Mantel. »Geht nach Zoar! Dort seid ihr sicher. Aber beeilt euch! Und nochmals: Schaut nicht zurück!«
Lot eilt vorwärts in die Dunkelheit. Seine Frau und seine Töchter folgen ihm auf den Fersen. Der Weg ist naß vom Tau.
Zwei Stunden sind sie unterwegs. Schon sehen sie die Silhouette der Stadt Zoar.
»Beeilt euch«, ruft Lot keuchend. »Im Osten wird es hell!«
Sie fangen an zu laufen. Über den Bergen wird der Himmel rot. Der erste Sonnenstrahl fällt ins Tal.
Da hört Lot hinter sich ein dumpfes Donnern. Die Erde bebt. Mit einem Male wird es blendend hell. Es ist, wie wenn es in der Ferne Feuer regnen würde. Lot und seine Töchter erreichen außer Atem das Stadttor von Zoar.
»Wo ist die Mutter?« ruft Lot.
»Sie ist zurückgeblieben«, sagt eines der Mädchen. »Sie hat gesagt: So etwas sieht man nicht alle Tage!«
Lot ist verzweifelt. »Der Mann hat doch gesagt, wir sollen nicht zurückschauen!« Er weint. Er weiß, daß er seine Frau nie mehr sehen wird.

(Seit jener Zeit heißt das große Gewässer Totes Meer. Es ist so salzig, daß keine Fische drin leben können. Später hat man sich am Toten Meer eine Salzsäule gezeigt, die aussah wie ein Mensch. »Das ist die Frau des Lot«, hat man gesagt. »Sie ist zu einer Säule erstarrt, weil sie auf der Flucht zurückgeschaut hat. Auch heute zeigen Fremdenführer den Reisenden am Toten Meer noch solche Salzsäulen.)

Abraham kann die ganze Nacht nicht schlafen. Immer muß er an Sodom denken: »Gibt es in der Stadt wohl zehn Menschen, die Gottes Gebote nicht verachten? Die kein schändliches Leben führen? Die fremde Menschen nicht bedrücken?«

Gegen Morgen hält es Abraham nicht mehr aus in dem Zelt. Er steht auf. Er wirft sich den Mantel über und greift nach dem Hirtenstock. Draußen ist es noch dunkel und kühl. Abraham geht zum Weg, der über den Bergrücken führt. Als er zur Wegbiegung kommt, geht die Sonne auf der andern Seite des Tals auf.
Abraham erschrickt. Eine gewaltige Rauchwolke wälzt sich vom Tal in die Höhe. Dumpfes Grollen tönt herauf.
Langsam verflüchtigt sich der Rauch. Abraham erkennt die Gegend nicht wieder. Das Meer hat sich ausgedehnt. Dort, wo früher die Städte Sodom und Gomorra lagen, ist jetzt Wasser. Die saftigen grünen Wiesen sind verschwunden.
Am nächsten Tag berichten Wanderer, die vom Tal kommen, von der Katastrophe. Sie bringen auch Nachrichten von Lot. Abraham freut sich, daß wenigstens er und seine beiden Töchter gerettet worden sind.

Isaak

1. Mose 21, 1-21; 24

Vorbemerkungen

Nach einer alten Überlieferung war *Ismael* der Ahnherr eines Nomadenstämmeverbandes, der im Bereich der Sinaiwüste *(Paran)* seine Heimat hatte. Wahrscheinlich bestanden ursprünglich zwischen den israelitischen und ismaelitischen Stämmen Verbindungen (gemeinsame Vorfahren, gemeinsamer Kult), was sich in den Ismael-Hagar-Geschichten niedergeschlagen hat. Die biblischen Geschichten wollen jedoch nicht auf solche Verbindungen hinweisen. Ihnen ist in erster Linie die heilsgeschichtliche Aussage wichtig: Gott hat Israel erwählt. Zwar ist Ismael nicht verstoßen. Gott segnet auch ihn. Aber der Erbe ist Isaak.
Die Mehrzahl der hebräischen Personennamen sind Satznamen. So bedeutet *Isaak*: »Die Gottheit möge (über dem Kind) lächeln«. In 21,6 läßt der Erzähler den Namen jedoch durch Sara in ihre Situation deuten: »Ein Lachen hat mir Gott bereitet.«
Nach 1. Samuel 1, 23 wurden die Kinder im alten Israel mit etwa drei Jahren *entwöhnt*.
Der *Name des Knechtes*, dem Abraham die Aufgabe überträgt, für seinen Sohn eine Frau zu werben, ist nicht genannt. Man darf aber annehmen,

daß es *Elieser* war, der beim *Schwören* seine Hand »unter die Hüfte« Abrahams, also an den Ort des Geschlechts, legen mußte. Wahrscheinlich hatte man in alter Zeit auf den Geschlechtsteil geschworen. Jetzt schwur man auf Jahwe, behielt aber die alte Schwurform bei.
In früherer Zeit — und beim Adel zum Teil bis heute — wurde mit Vorliebe innerhalb der Sippe geheiratet. So blieben Macht und Besitz beisammen. Später heirateten die Israeliten innerhalb des eigenen Volkes, weil sie nicht wollten, daß fremder Götterglaube sich mit ihrem Jahweglauben vermischte. Selbstverständlich durfte Isaak nicht nach Haran auswandern, weil Gottes verheißenes Land Kanaan war.
Ein Teil der *Kostbarkeiten*, die Elieser als Geschenke mitnimmt, wird in Vers 22 näher beschrieben. Es sind ein goldener *Nasenring* von ungefähr acht Gramm Gewicht und zwei goldene *Armspangen*, die zusammen etwa 160 Gramm schwer sind.
Über *Brunnen, Quellen und Zisternen* siehe die Vorbemerkungen zur Erzählung »Der Träumer«!
Über *Nahor* und die *Namen der Verwandten Abrahams* (Stammbaum) siehe die Vorbemerkungen zur Erzählung »Das Versprechen«!

Erzählung

»Laß sofort meinen Isaak in Ruhe!« ruft Sara und stürzt aus dem Zelt. In der rechten Hand schwingt sie Abrahams Hirtenstock.
Auf dem Boden vor dem Zelt balgen sich zwei Buben. Der ältere hockt auf dem jüngeren. Als er Sara auf sich zukommen sieht, springt er auf und stiebt davon.
»Wart, ich verhau dir den Hintern!« droht Sara und schwingt den Stock. Aber Ismael hat sich schon hinter dem Zelt versteckt.
»Ich erwisch dich schon, du böser Bub!« ruft Sara.
»Der Isaak hat angefangen!« schreit Ismael hinter dem Zelt hervor. »Er hat gesagt, daß ich mich vor ihm verbeugen muß! Ich bin mehr wert als du, hat er gesagt. Deine Mutter ist nur eine Sklavin!«
»Da hat er die Wahrheit gesagt«, antwortet Sara. »Deine Mutter ist eine Sklavin. Ich bin ihre Herrin. Und Isaak ist mein Sohn. Gott hat ihn mir noch trotz meines hohen Alters geschenkt. Aber von dir und deiner Mutter habe ich jetzt genug.«
Sara dreht sich um. Abraham sitzt vor seinem Zelt. Er hat alles mit angesehen. Er schüttelt den Kopf.
»Laß doch die Kinder miteinander raufen«, sagt er zu Sara.
»Nein«, erwidert Sara. »Ich will nicht, daß Ismael meinen Isaak plagt. Ich

will auch nicht, daß Isaak einmal mit Ismael das Erbe teilen muß. Und ich will drittens Hagar nicht mehr sehen. Immer sagt sie: Ich habe dem Abraham vor dir einen Sohn geschenkt! Mein Sohn ist älter! Mein Sohn ist stärker! Der wird einmal über den Isaak regieren! Ich halte das nicht mehr aus, Abraham! Ich will, daß du Hagar und Ismael fortschickst!«
Abraham schüttelt den Kopf. »Das geht doch nicht, Sara«, sagt er. »Ismael ist mein Sohn. Und er ist auch dein Sohn. Du hast es ja so gewollt. Du hast mir Hagar gegeben. Du hast nicht warten können, bis Gott dir einen Sohn schenkt.«
»Das hab ich schon hundertmal gehört«, antwortet Sara. »Aber das sage ich dir: Wenn die beiden nicht fortgehen, dann haben sie keine schöne Stunde mehr hier. Ich lasse Hagar die niedrigsten Arbeiten machen. Sie muß mit ihrem Sohn im Zelt der Mägde schlafen. Und ich sorge dafür, daß alle nur noch das Nötigste mit ihr reden.«
»Das geht doch nicht, Sara!« mahnt Abraham.
»Doch, das geht! Ich habe genug!«
Abraham seufzt, und am Abend ruft er Hagar zu sich.
»Ich kann dich und Ismael nicht mehr hier behalten«, sagt er.
Hagar gibt keine Antwort.
»Eure Streitereien machen mich ganz krank«, sagt Abraham. »Es gibt keinen andern Ausweg: du mußt gehen.«
Noch immer gibt Hagar keine Antwort.
»Du hättest dich nicht gegen Sara auflehnen sollen«, sagt Abraham. »Solange sie kein Kind gehabt hat, hast du sie von oben herab behandelt und sie verachtet. Jetzt rächt sie sich an dir.«
Hagar zuckt die Schultern. »Das ist nun einmal geschehen«, sagt sie. »Es ist wohl am besten, wenn ich gleich morgen weggehe. Dann habt ihr Ruhe. Und ich auch.«
Abraham fällt ein Stein vom Herzen. »Du bist eine vernünftige Frau«, sagt er und streicht ihr übers Haar. »Ich schenke dir die Freiheit. Du kannst gehen, wohin du willst.«
Am andern Tag verlassen Hagar und Ismael das Zeltdorf. Sie schlagen den Weg nach Süden ein. Abraham schaut den beiden nach, bis sie hinter der Wegbiegung verschwinden. Über sein Gesicht laufen Tränen.
Immer, wenn Wanderer aus dem Süden am Zelt vorbeikommen, lädt Abraham sie zum Essen ein. Dann fragt er sie: »Kennt ihr eine Frau, die Hagar heißt und einen Sohn mit Namen Ismael hat?«
Manchmal wissen die Reisenden wirklich etwas über die beiden.
»Der Ismael ist ein berühmter Jäger geworden«, erzählt einer. »Er wohnt mit seiner Mutter in der Nähe von Ägypten.«

Später hört Abraham, daß Ismael eine Ägypterin geheiratet hat. »Es geht ihm gut«, berichtet der Mann, der ihm die Nachricht überbringt. »Er hat zwölf Söhne, und sie sind alle gesund.«
Da ist Abraham froh. Er dankt Gott, daß er Hagar und Ismael nicht verlassen hat.

Die Jahre vergehen. Abrahams Herden werden immer größer. Er kauft sich Kamele. Eigentlich sind es Dromedare, denn sie haben nur einen Höcker. Aber man nennt sie trotzdem Kamele. Nur reiche Leute können sich solche Tiere leisten.
Eines Tages stirbt Sara. Sie ist sehr alt geworden. Abraham weint um seine Frau. Er kauft ein großes Grundstück. Am Ende des Grundstücks befindet sich eine Höhle. Abrahams Knechte graben ein Loch in die Erde der Höhle. Sie legen den Leichnam der Sara hinein und schaufeln das Grab zu.
Ein paar Wochen später ruft Abraham den Elieser zu sich ins Zelt. Auch Elieser ist älter geworden. In seinen langen schwarzen Haaren sind graue Stellen.
»Isaak ist ein Mann geworden«, sagt Abraham zu Elieser. »Sara ist gestorben, und auch ich lebe nicht mehr lang. Ich will, daß Isaak heiratet, bevor ich sterbe.«
Elieser nickt.
»Ich will aber nicht, daß Isaak ein Mädchen von hier zur Frau nimmt«, fährt Abraham fort. »Die Menschen hier beten zu andern Göttern. Sie kennen meinen Gott nicht. Isaak soll ein Mädchen aus unserer Familie heiraten. Aber meine Verwandten wohnen in Haran. Und ich bin zu alt, um noch so weit zu reisen. Darum mußt du, Elieser, eine Frau für Isaak suchen. Du bist mein treuester Diener. Ich weiß, daß du ein rechtes Mädchen für Isaak finden wirst.«
Elieser freut sich, daß Abraham so viel Vertrauen zu ihm hat. »Ich will alles genauso machen, wie du es gesagt hast«, antwortet er. »Aber wenn ich nun ein Mädchen finde, und das Mädchen sagt: Ich will den Isaak schon heiraten, aber nach Kanaan will ich nicht gehen, ich will hier bleiben, und der Isaak soll nach Haran kommen! — was soll ich dann tun?«
Abraham winkt mit den Händen ab.
»Das Mädchen muß hierher kommen«, sagt er. »Gott hat uns dieses Land versprochen. Schwör mir, Elieser, daß du alles so machst, wie ich es dir gesagt habe.«
Elieser schwört.
»Nimm zehn Kamele mit!« befiehlt Abraham. »Und Geschenke! Vergiß

auch den Proviant nicht! Es ist eine lange Reise von hier bis nach Haran!«
Elieser macht alles bereit. Dann steigt er auf eines der Kamele. Er verabschiedet sich von Abraham. Ein paar Knechte begleiten ihn.
Isaak geht ein Stück weit mit. Nach einer Weile kommen sie zu einer Baumgruppe.
»Ich muß jetzt wieder zurück«, sagt Isaak. »Reise gut, Elieser!«
Die Karawane geht weiter. Isaak lehnt sich an einen Baumstamm und schaut den Tieren und den Menschen nach, bis sie hinter einem Hügel verschwinden.
»Wenn sie wieder zurückkommen«, denkt er, »dann bringen sie mir meine Frau mit. Mein Vater hat gesagt, daß Gott sie für mich aussucht. Hoffentlich sucht er ein hübsches und liebes Mädchen für mich aus. Eine, die mit mir durch dick und dünn geht und zu mir hält. Eine, die mich liebhat und auf die ich mich verlassen kann. Eine, die nicht den ganzen Tag über sauer ist, sondern lachen kann und wenn möglich Grübchen in den Wangen hat.«
Noch lange träumt Isaak vor sich hin, und erst als die Sonne schon hoch über den Bergen steht, geht er ins Zeltdorf zurück.
Nach vielen Tagen kommt Elieser in Haran an. Es ist gegen Abend. Ganz nahe beim Stadttor ist eine Quelle. Die Quelle liegt unter der Erde. Eine Treppe führt zu ihr hinunter. Neben der Treppe steht eine steinerne Tränkrinne für die Tiere.
»Hier schlagen wir unser Lager auf!« befiehlt Elieser den Knechten. Er steigt vom Kamel. Er geht umher. Das tut gut nach dem langen Ritt.
»Sollen wir die Kamele tränken?« fragt einer der Knechte.
»Nein, wartet noch damit!«
Elieser ist ein Gedanke gekommen. Still betet er vor sich hin: »Herr, mein Gott. Bald kommen die Frauen und die Mädchen aus der Stadt hierher zum Wasserholen. Und dann will ich zu einem der Mädchen sagen: Gib mir doch deinen Wasserkrug! Ich habe Durst und möchte trinken! — Wenn dann das Mädchen antwortet: Trink nur! Ich will auch deinen Kamelen zu trinken geben! — dann weiß ich: das ist die Frau, die du für den Isaak bestimmt hast!«
Als Elieser nach dem Beten aufschaut, sieht er ein Mädchen. Es kommt aus dem Stadttor. Auf der Schulter trägt es einen Wasserkrug. Das Mädchen ist hübsch. Es hat dunkle Augen und lange schwarze Haare, die zu einem dicken Zopf geflochten sind. Es trägt einen langen hellen Hemdrock. Jetzt geht das Mädchen die Stufen zur Quelle hinunter. Es füllt den Krug und stemmt ihn mit einem Schwung auf den Kopf. Als es die Treppe heraufkommt, geht Elieser auf es zu.

»Gib mir doch einen Schluck aus deinem Wasserkrug!« bittet er. »Ich habe Durst.«
Das Mädchen nimmt den Krug vom Kopf und hält ihn Elieser hin.
»Trink nur!« sagt es. »Soviel du willst. Und deinen Kamelen will ich auch zu trinken geben!«
Elieser trinkt. Er gibt dem Mädchen den Krug zurück. Es leert den Rest des Wassers in die Tränkrinne. Dann geht es zur Quelle hinunter und schöpft neues Wasser. Die Knechte helfen. Sie führen die Kamele zur Tränkrinne.
Elieser schaut schweigend zu. Es gefällt ihm, wie das Mädchen mit den Tieren umgeht.
»Wie heißt du?« fragt er das Mädchen.
»Rebekka.«
»Ich bin fremd hier«, fährt Elieser fort. »Kannst du mir sagen, wo meine Knechte und ich übernachten können?«
»Kommt doch zu meinem Vater!« sagt Rebekka. »Wir haben einen großen Hof vor der Stadt. Da habt ihr alle Platz. Auch die Tiere.«
»Wie heißt dein Vater?«
»Betuel. Er ist der Sohn Nahors. Aber mein Großvater lebt nicht mehr. Er hat einen Bruder gehabt. Der ist vor vielen Jahren ausgewandert. Ich bin damals noch nicht auf der Welt gewesen. Abraham hat er geheißen. Und jetzt geh ich nach Hause und sag meinem Vater, daß Gäste kommen.«
Rebekka eilt davon.
Elieser fällt auf die Knie. Er ist glücklich. »Ich danke dir, Gott«, sagt er. »Du hast meine Bitte erfüllt. Du hast mich geradewegs zu den Verwandten Abrahams geführt.«
Als sie aufbrechen, kommt ihnen ein junger Mann entgegen.
»Ich bin Rebekkas Bruder«, sagt er. »Ich heiße Laban. Rebekka hat zu Hause alles erzählt. Die Mägde bereiten schon euer Lager vor. Kommt mit!«
Das Haus Betuels steht außerhalb der Stadtmauer. Es ist aus gebrannten Lehmziegeln gebaut. Es hat ein flaches Dach und einen großen Hof. Um den Hof zieht sich eine Mauer.
Im Hof erwartet die ganze Familie Elieser. Laban befiehlt seinen Knechten: »Zäumt die Kamele ab! Holt Stroh und Futter!« Die Mägde bringen Wasser. Betuel und Elieser begrüßen sich. »Deine Knechte und du haben sicher Hunger«, sagt Betuel. »Komm, das Essen ist bereitet!«
»Nein«, antwortet Elieser. »Zuerst will ich euch sagen, warum ich hier bin.«

Elieser erzählt alles. »Und jetzt will ich wissen«, sagt er zum Schluß, »ob ihr die Rebekka dem Isaak zur Frau gebt. Wenn nicht, dann muß ich weiter suchen.«
»Du mußt nicht weiter suchen«, antwortet Betuel. »Gott will es so. Rebekka soll mit dir gehen.«
Elieser geht mit seinen Knechten zu den Kamelen. Sie laden die Ballen und Säcke ab. Sie packen die Geschenke aus. Rebekka bekommt zwei Festkleider mit eingesponnenen Goldfäden, Kopftücher, einen goldenen Nasenring und zwei goldene Armspangen. Auch Betuel und Laban erhalten Geschenke.
Ein paar Tage später verabschieden sich Elieser und Rebekka von Betuel und Laban.

Jeden Abend geht Isaak zur Baumgruppe. Dorthin, wo er sich von Elieser verabschiedet hat. Er wartet auf seine Rückkehr. »Ob er mir wohl ein Mädchen mitbringt?« denkt er.
Da, eines Abends, sieht er die Karawane in der Ferne. Sein Herz klopft. Voller Erwartung geht er den Reisenden entgegen.
»Schau, Rebekka, das dort ist der Isaak«, sagt Elieser. Rebekka holt unter dem Kamelsattel den Schleier hervor. Sie hüllt ihr Gesicht ein. Nur für die Augen läßt sie einen Spalt offen.
Aber als Isaak die dunklen Augen sieht, weiß er, daß er ein schönes Mädchen bekommt. Noch bevor er Rebekka richtig kennt, hat er sie schon liebgewonnen. Abraham freut sich, daß alles so gut gegangen ist, und ein paar Tage später feiern sie Hochzeit.

Jakob

Das Linsengericht

1. Mose 25,19-34; 27,1-40

Vorbemerkungen

Rebekka war, als Elieser für Isaak um sie warb, ein schönes Mädchen. Zwanzig Jahre blieb sie kinderlos. Als sie schwanger wurde, beunruhigte sie das übliche Stoßen der Kinder. Sie befragte, wie man es damals tat, an einer Kultstätte das Orakel. Die Antwort, die ihr (durch den Priester? durch einen Traum?) zuteil wurde, klärte sie über ihre besondere Situation auf: Nicht nur zwei Kinder waren es, die sie trug, sondern *zwei Völker: Israel* und *Edom.* In Jakob und Esau sind sie typisiert. Wir kennen diese Typisierung von Völkern auch heute noch: Amerika wird als reicher Uncle Sam mit Zylinder, Frankreich als elegante Marianne, die Schweiz als jodelnder, sparsamer Senn dargestellt.
Schon bei der Geburt wird *Esau* von seinem pfiffigen Bruder ausgenutzt. Der Erzähler verballhornisiert denn auch den Namen *Jakob* (wahrscheinlich: »Gott möge schützen«) in »Fersenhalter«, der sich mit Witz und List zu behaupten weiß. Auch das *Erstgeburtsrecht,* das in der Erzählung vom Linsengericht eine große Rolle spielt, muß aus der Situation der beiden Völker verstanden werden. Außerdem darf es nicht mit dem *Erbrecht* verwechselt werden. Das Erbrecht bevorzugte den erstgeborenen Sohn vor seinen übrigen Geschwistern, legte ihm aber auch besondere Pflichten auf. Beim Tod des Vaters erhielt der Erstgeborene den doppelten Anteil am Besitz und übernahm die Stellung des Vaters. Er mußte aber die noch unverheirateten Glieder der Familie unterhalten.
Eigentlich hätte nach diesem Recht Esau als der Erstgeborene in die Stapfen seines Vaters treten und Hirt werden müssen. Statt dessen führte er das unstete Leben eines Jägers, während der jüngere Jakob ein »gesitteter«, ein »ordentlicher« Mann wurde. Er wohnte in Zelten und war — im Gegensatz zu Esau — an eine Gemeinschaft mit ihren sittlichen Ordnungen gebunden. Hier wird deutlich, daß Esau und Jakob mehr sind als nur individuelle Persönlichkeiten. Sie personifizieren außer den Völkern, deren Stammväter sie sind, auch Menschentypen: Jakob den in der hierarchischen Ordnung lebenden, sich in eine Gemeinschaft einfügenden Verantwortlichen; Esau den unabhängigen, seine einsamen Wege gehenden Einzelgänger. Jakob wird reich werden, denn er versteht es, seinen Besitz zu mehren. Esau wird zeitlebens von der Hand in den Mund leben, und wenn er einmal keine Beute macht, muß er hungern.

Die vom Ahnherrn Esau abstammenden *Edomiter* bewohnten das Bergland südlich des Toten Meeres und östlich der Araba, des Grabens, der sich vom Toten Meer zum Golf von Elat zieht. Sie waren bekannt als tapfere Krieger und Jäger, trieben aber auch Weinbau, Ackerbau und Handel. Als die Israeliten aus Ägypten flohen, verwehrten ihnen die Edomiter den Durchzug durch ihr Land. Zu Feindseligkeiten zwischen den beiden Ländern kam es unter Saul, und David errang einen Sieg über sie im »Salztal« (2. Samuel 8, 13). Die vollständige Unterwerfung Edoms geschah dann durch Davids Feldherrn Joab (1. Könige 11, 15). Das Land bekam eine israelitische Besatzung und wurde von Vasallenkönigen regiert. Unter Salomo kam es jedoch zu einem Aufstand. Der zur Zeit Davids nach Ägypten geflüchtete Prinz Hadad kehrte nach Edom zurück, und unter Josaphats Nachfolger Joram (um 850 v. Chr.) warfen die Edomiter das israelitische Joch endgültig ab. Der »Esausegen« (1. Mose 27, 39 f.) weist auf diese Ereignisse hin, wenn vom steinigen Boden des Edomiterlandes, von der Unterwerfung unter Jakob, aber auch von der Möglichkeit einer Entledigung des Jochs gesprochen wird.

Aus all dem ersehen wir, daß mit dem *Erstgeburtsrecht,* um das es in der Jakobserzählung geht, etwas anderes gemeint ist als das bloße Erbrecht. Es geht — vor allem Besitz — um das Empfangen des väterlichen Segens und damit um die Erfüllung der göttlichen Verheißung. Näheres dazu siehe später in den Vorbemerkungen zur Geschichte »Der Segen«!

Jakob geht wohlüberlegt vor. Esau muß sein Versprechen beschwören. Der Schwur bedeutet für den Partner in jedem Fall absolute Bindung.

Daß das *Kochen* auch früher nicht ausgesprochene Frauenarbeit war, lehrt uns neben Vers 29 auch 27, 31.

Nach 1. Samuel 24, 3 gab es in der Nähe von Engedi in der Wüste Juda einen *Steinbockfelsen.*

Der *Pfeilbogen* bestand aus einem biegsamen Holzstab, dessen Enden von einer Sehne zusammengehalten wurden. Damit das Bogenholz seine Spannung nicht verlor, wurde die Sehne erst kurz vor dem Gebrauch befestigt.

Linsen gab es im Orient schon vor 8000 Jahren. Die enthülsten Linsen wurden mit Öl und Gewürzen zubereitet. In Notzeiten wurden sie — gemahlen oder geröstet — dem Brotteig hinzugefügt, um das Getreide zu strecken. Als Esau von der Jagd heimkam, war er erschöpft und hungrig. Wahrscheinlich hatte er keine Beute gemacht. Jetzt wollte er essen; gleichgültig was. Gleichgültig war ihm auch das Recht der Erstgeburt. Was nützte ihm denn des Vaters späterer Segen, wenn er jetzt verhungern mußte?

Erzählung

»Ich hab sie gefangen!«
Esau schwenkt einen kleinen Käfig über seinem Kopf hin und her und eilt durch das Zeltdorf auf das Zelt seiner Eltern zu. Es ist das größte und schönste Zelt. Es steht in der Mitte des Dorfes.
»Ich hab sie gefangen!« ruft Esau immer wieder. Seine roten Haare flattern im Wind. Er schaut nicht auf den Weg. Er sieht nicht, daß sein Bruder Jakob vor dem Zelt der Eltern auf dem Boden sitzt und mit einem jungen Schaf spielt. Esau schaut immerzu hinauf zum Käfig, den seine Faust umklammert hält, und ruft: »Ich hab sie gefangen!«
Da stolpert er über Jakob. Der Länge nach liegt er auf dem Boden.
»Du Kamel!« ruft Esau. »Kannst du dich nicht woanders hinsetzen?«
»Selber Kamel!« antwortet Jakob. »Kannst du nicht woanders hinrennen?«
»Nein!« sagt Esau. »Ich muß sie dem Vater bringen!«
Esau und Jakob sind Zwillinge. Aber Esau ist der ältere. Er ist zuerst auf die Welt gekommen. Obwohl sie Zwillinge sind, gleichen sie einander nicht. Esau hat rote, Jakob schwarze Haare. Esau ist größer und stärker als Jakob. Aber Jakob ist flinker und pfiffiger als sein Bruder.
»Was mußt du denn so schnell dem Vater bringen?« fragt Jakob.
Esau steht mühsam auf. Er hält Jakob den Käfig unter die Nase. Der Käfig ist aus kleinen Ästen zusammengebastelt. Im Käfig springt eine Maus hin und her.
»Diese Maus da muß ich dem Vater bringen«, sagt Esau. »Vater ißt gern Wildbraten.«
»Du bist verrückt«, sagt Jakob.
»Ich bin nicht verrückt!« ruft Esau. »Vater sagt immer, daß er gern Wild ißt.«
»Ja, richtiges Wild«, antwortet Jakob. »Wildziegen. Oder Steinböcke. Aber doch keine Mäuse! Niemand ißt Mäuse!«
»Ich bring sie trotzdem dem Vater!« sagt Esau.
»Du bringst sie nicht!« sagt Jakob.
»Ich bring sie!«
Esau will ins Zelt springen. Da stellt ihm Jakob das Bein. Esau stolpert. Die Falle fliegt auf den harten Boden vor dem Zelt. Die Äste zerbrechen. Die Maus rennt davon und verschwindet zwischen den Zelten.
Da stürzt sich Esau auf Jakob. Die beiden wälzen sich auf dem Boden.
»Mutter!« ruft Jakob. »Der Esau haut mich!«
Aus dem Zelt kommt Rebekka. Sie hat lange schwarze Zöpfe. An den Armen blitzen schwere goldene Ringe.

»Hilf mir, Mutter!« ruft Jakob.
Rebekka zerrt Esau am Kleid. »Laß den Jakob los!« ruft sie.
»Er hat meine Maus laufen lassen!« schreit Esau.
»Laß ihn sofort los!« befiehlt die Mutter.
»Ich will meine Maus wiederhaben!« brüllt Esau. Über seine Wangen laufen Tränen. Sein Gesicht ist verschmiert und rot vor Zorn.
Da tönt aus dem Zelt eine Männerstimme: »Laß ihn los, Esau. Und kommt beide zu mir herein!«
Esau läßt seinen Bruder los und stürzt ins Zelt.
Das Zelt hat ein paar Räume. Die Räume sind mit Fellen und Vorhängen voneinander getrennt. Hier drinnen ist es dunkler als draußen. Nur durch ein Loch in der Decke fällt Licht. Der Raum, in den Esau kommt, ist mit bunten Wollteppichen und weichen Polstern ausgelegt. Auf den Polstern liegt Isaak. Er ist schon alt. Rebekka und er haben erst spät Kinder bekommen. Sein Bart ist weiß, und sein Gesicht ist voller Runzeln.
Neben Isaak kniet ein Diener und fächert ihm mit einem Stück hartem Leder kühle Luft zu.
Esau wirft sich neben dem Vater auf das Polster. Jakob hat sich zur Mutter geflüchtet. Die beiden stehen am Eingang des Zeltes.
»Ihr seid zwei Streithähne«, sagt der Vater und streichelt Esau über sein rotes Haar.
»Sie haben schon immer gestritten«, sagt die Mutter und streichelt Jakob über sein schwarzes Haar. »Als sie noch nicht einmal auf der Welt gewesen sind, haben sie einander bereits verprügelt. In meinem Bauch drin. Und ihre Stöße haben mir so weh getan, daß es mir übel geworden ist.«
»Der Jakob ist schuld!« sagt Esau. »Ich hab dem Vater ein Wild bringen wollen!«
»Es ist gar kein Wild gewesen«, schluchzt Jakob. »Eine Maus ist es gewesen. Eine ganz gewöhnliche, garstige, magere Maus.«
»Aber ich habe sie selber gefangen«, sagt Esau. »Ich bin ein Jäger.«
Der Vater lächelt.
»Wenn du einmal groß bist, Esau«, sagt er, »kannst du richtig jagen gehen. Mit Pfeil und mit Bogen. Und dann kannst du mir eine Wildgeiß heimbringen und sie mir braten. So, wie ich sie gern habe.«
»Du mußt ihm nicht noch den Jägerberuf aufschwatzen, Isaak!« sagt Rebekka. »Der Esau streicht jetzt schon überall herum. Er schießt mit Steinen auf Vögel und fängt jede Heuschrecke und jede Maus.«
»Wenn er ein Jäger werden will, dann soll er ein Jäger werden«, sagt Isaak.
Rebekka rümpft die Nase. »Jäger sind Gesindel!« sagt sie.

»Ich will nicht Jäger werden«, ruft Jakob und trocknet seine Tränen an Mutters Wollkleid ab. »Ich bleibe zu Hause. Bei dir, Mutter. Und hüte die Schafe.«
»Du bist ein Schatz«, sagt Rebekka und gibt Jakob einen Kuß.
Esau schmiegt sich an den Vater.
»Morgen lehre ich dich, wie man mit Pfeil und Bogen umgeht«, sagt Isaak zu Esau. »Und jetzt gebt euch die Hand, ihr beide, und schließt miteinander Frieden!«
Trotzig geben sich Esau und Jakob die Hand.

Jahre vergehen. Aus den Buben werden junge Männer. Jakob hütet mit den Knechten seines Vaters die Schafe. Zweimal im Jahr schert er sie. Er packt die Wolle in große Bündel und bringt sie in die Zeltstadt. Die Mägde spinnen die Wolle und weben Stoffe. Die Arbeit bei der Herde macht Jakob stark.
Esau ist ein Jäger geworden. Er streift durch die Wälder und über die Berge. Er liebt die Einsamkeit und ist froh, wenn er tagelang keinem Menschen begegnet. Meist brennt die Sonne heiß vom Himmel. Manchmal regnet es, und im Winter pfeift der kalte Wind. Aber das macht Esau alles nichts aus. Seine Haut ist wie Leder. Seine Arme, Beine und sein ganzer Körper ist behaart wie der Körper eines Tieres. Wild wächst sein roter Bart, und wild blicken seine schwarzen Augen. Manchmal kommt er wochenlang nicht ins Zeltdorf.
Auch jetzt ist Esau schon einige Tage von zu Hause fort. Er ist im Gebirge gewesen. Aber er hat nichts erlegt. Seinen Proviant hat er aufgegessen. Sein Magen knurrt.
Auf dem Heimweg kommt er am Steinbockfelsen vorbei. Da sieht er die Wildziege. Sie knabbert an den spärlichen Grasbüscheln, die am Felsen wachsen.
Esau spannt seinen Pfeilbogen. Vorsichtig pirscht er sich gegen den Felsen. Jetzt duckt er sich hinter einen Stein.
Die Ziege klettert tiefer.
Da greift Esau mit der rechten Hand in den Köcher, den er sich über den Rücken gehängt hat. Er zieht einen Pfeil heraus. Der Pfeil hat einen leichten, geraden Schaft aus Schilfrohr und eine schwere Spitze aus Stein. Am Schaftende stecken zwei Federn.
Esau spannt den Bogen. Er drückt ein Auge zu und zielt. Als er die Sehne schnellen läßt, krächzt irgendwo ein Vogel. Die Wildgeiß macht einen Satz und verschwindet hinter dem Fels. Mit einem Knall zerbricht der Pfeil auf dem Stein.

Esau stampft mit seinem Lederstiefel auf den Boden.
»Warte nur«, schimpft er, »dich bekomme ich schon noch!« Dann schwingt er den Bogen über den Rücken und macht sich auf den Heimweg.
Als er ins Zeltdorf kommt, steht die Sonne schon tief. Vor den Zelten sitzen Knechte und Mägde. Sie erzählen sich Geschichten. Sie singen. Sie lachen.
»Was gibt's zu essen?« ruft Esau. »Ich könnte alle Töpfe leeressen.«
»Die sind schon leer!« sagt eine Magd. »Wir haben schon gegessen. Hast du nichts gejagt?«
»Gejagt schon«, knurrt Esau, »aber nichts getroffen.«
»Bist ein Armer«, sagt die Magd. »Aber geh zum Jakob. Der ist später als wir von der Weide gekommen und kocht sich jetzt selber etwas.«
Esau eilt zum Zelt, in dem sein Bruder und er wohnen. Vor dem Zelt brennt ein Feuer. Auf dem Feuer steht ein Topf mit einem Deckel drauf. Neben dem Feuer kauert Jakob. Er hat eine hölzerne Kochkelle in der Hand.
»Ich habe seit gestern nichts mehr gegessen«, ruft Esau schon von weitem. Er eilt auf die Feuerstelle zu und hebt den Deckel vom Topf. Eine Dampfwolke schlägt ihm entgegen. Esau schnuppert. Das Wasser läuft ihm im Mund zusammen.
Jakob schiebt Esau weg und rührt mit der Kelle im Topf. »Wenn du seit gestern nichts gegessen hast«, sagt er, »dann koch dir doch etwas!«
»Dazu bin ich viel zu müde«, erwidert Esau. »Aber gib mir doch von dem roten Zeugs, das da im Topf herumschwimmt!«
Jakob lacht. »Das sind Linsen«, sagt er. »Meine Linsen.«
»Laß mich essen«, bettelt Esau.
»Was gibst du mir dafür?«
»Was du willst!«
»Dann gib mir dein Erstgeburtsrecht dafür«, sagt Jakob. »Aber ich bin sicher, daß du mir das nicht gibst.«
»Warum denn nicht?« sagt Esau.
»Weil dann, wenn der Vater einmal stirbt, ich seinen Segen bekomme«, antwortet Jakob. »Und wer den Segen des Vaters hat, ist der Mächtigere und kann dem andern befehlen. Außerdem macht der Segen, daß es einem gut geht.«
Esau lacht. »Was nützt mir mein Erstgeburtsrecht und der Segen, wenn ich jetzt verhungere?« sagt er. »Mein Erstgeburtsrecht kannst du haben. Aber gib mir jetzt endlich zu essen!«
Esau greift nach dem Topf.

»Halt!« sagt Jakob. »Zuerst mußt du schwören.«
»Ich hab Hunger!« sagt Esau ungeduldig. »Ich will essen und nicht schwören.«
»Sag: Ich schwöre, daß ich meinem Bruder Jakob mein Erstgeburtsrecht für dieses Linsengericht verkaufe!« sagt Jakob.
»Ich schwöre, daß ich meinem Bruder Jakob mein Erstgeburtsrecht für dieses Linsengericht verkaufe!« sagt Esau schnell. Dann reißt er Jakob die Kelle aus der Hand und löffelt die Linsensuppe aus dem Topf gierig in sich hinein.
Jakob holt Brot und Wein und stellt beides neben Esau. Esau kaut und trinkt. Als er satt ist, wischt er sich mit seinem behaarten Handrücken über den Mund, geht ins Zelt, wirft sich der Länge nach auf den Boden, und eine Minute später schnarcht er schon.

Der Segen

1. Mose 27, 1-45

Vorbemerkungen

Der *Segen* ist in unserer Zeit fast nur noch im Gottesdienst anzutreffen. Und auch dort hat er für die meisten wenig Bezug zum Alltag. Er ist für die Gemeinde lediglich letztes Element in der Gottesdienstordnung. Daher auch unsere Verstehensschwierigkeiten in Bezug auf den Segen. Dabei begreifen wir sogleich, worum es geht, wenn wir uns den Segen nicht als etwas Abstraktes, sondern gegenständlich vorstellen. Denken wir zum Beispiel an eine kostbare Goldmünze, die von Generation auf Generation vererbt wird! Da jedoch nur eine einzige existiert, kann sie auch nur eines der Kinder erben. Genau so ist es mit dem Segen. Er bewirkt nicht nur, sondern ist ganz real all das, was das Leben schön macht und was dem Einzelnen wie der Gemeinschaft nützt: Fruchtbarkeit, Gedeihen, Wohlstand, Glück, Hilfe, Bewahrung, Heil, Frieden. Eben dies ist der Segen, den Isaak dem Jakob zuspricht. Mit ihm hat er alles Kostbare vergeben. Ein Ausleger hat es einmal so ausgedrückt: »Isaak hat sich an Jakob ausgesegnet!« So bleibt für Esau nur noch der »Unsegen« übrig: Unfruchtbarkeit, Armut, Unterordnung. Der Spruch spiegelt das steinige edomitische Bergland und die demütige politische Hörigkeit der Edomiter unter David. (Zur literarischen Ursprungssituation siehe auch meine Erzählung »Der Jahwist« im »Erzählbuch zur Bibel«, Seite 175).

Kapitel 27 geht nicht mehr auf den Handel mit dem Linsengericht ein. Aber selbst, wenn es einen Zusammenhang gäbe: der Vater würde den Vertrag, auch wenn Esau ihn beschworen hat, nicht billigen. Damit Jakob zu seinem Segen kommt, müssen seine Mutter und er zu allen Kniffen und Lügen, derer sie fähig sind, greifen. Zuerst muß Jakob Esaus *Feierkleider* anziehen. Das Feierkleid war ein fransenreicher, knöchellanger Überwurf, der über dem Hemdrock getragen wurde, und aus Luxusstoff gefertigt war. Luxusstoffe waren golddurchwirkt. Das Gold wurde zu hauchdünnen Blechen gehämmert, in feine Streifen geschnitten und dann zu Fäden ausgezogen. Die Goldfäden wurden in die Wollfäden gewirkt. In diesen Kleidern seines Bruders geht Jakob zum Vater, gibt vor, er sei Esau, hält dem Vater zum Beweis — und zur Verulkung Esaus! — seine fellumwickelten Arme hin, lästert Gottes Namen, indem er lügt, Jahwe habe ihm die Beute begegnen lassen, serviert dem Vater jedoch zwei seiner eigenen Ziegenböcke und läßt sich dann seelenruhig segnen. Und hinter der Zeltwand verfolgt wohl mit klopfendem Herzen Rebekka das Geschehen und atmet erleichtert auf, als der Segen ausgesprochen ist. Denn hätte Jakob Isaaks *Fluch* getroffen, so hätte sie ihn auf sich nehmen müssen, was zeigt, daß auch der Fluch — wie der Segen — übertragbar ist.

Erzählung

Rebekka erwacht. Eine Stimme hat sie geweckt. Rebekka setzt sich auf. Durch das Loch in der Decke des Zeltes fällt Sonnenlicht.
Rebekka gähnt und streckt sich. Sie kann sich Zeit lassen mit dem Aufstehen. Sie ist die Herrin. Sie muß kein Wasser am Brunnen holen wie früher, als sie noch ein Mädchen war. Sie muß kein Mehl mahlen und kein Brot backen. Sie muß das Zelt nicht säubern und die Wolle nicht spinnen. Das alles machen die Mägde. Die Mägde müssen früh am Morgen aufstehen, damit die Arbeit am Abend getan ist. Rebekka muß die Arbeit überwachen. Sie muß die Vorräte einteilen und den Streit der Mägde schlichten. Aber dazu hat sie tagsüber genügend Zeit. Am Morgen kann sie schlafen, solange sie will.
Da ist sie wieder, die Stimme!
Rebekka lauscht. Die Stimme kommt vom andern Raum. Es ist Isaaks Stimme.
»Ich bin alt geworden«, hört Rebekka Isaak sagen. »Ich kann fast nicht mehr gehen. Meine Augen sind blind. Ich weiß nicht, wann ich sterben muß.«
Rebekka schiebt den Vorhang, der das Zimmer Isaaks von ihrem Zim-

mer trennt, leicht zur Seite. Durch den Spalt späht sie in den andern Raum. Sie sieht Isaak. Er liegt auf den Polstern. Neben ihm sitzt Esau. Und am Eingang des Zeltes steht der Diener.
»Bevor ich sterbe«, sagt Isaak zu Esau, »will ich dich noch segnen. Gott hat deinen Großvater Abraham gesegnet. Deine Nachkommen, hat er zu ihm gesagt, werden so zahlreich sein wie die Sterne am Himmel. Und dieses Land, in dem ihr jetzt wie Fremde in Zelten wohnt, soll einmal euch gehören!«
Isaak schweigt. Der Diener kommt und reicht ihm einen Becher Wasser. Isaak trinkt. Dann sagt er: »So hat Gott den Abraham gesegnet. Und bevor dein Großvater gestorben ist, hat er mir den Segen weiter gegeben. Und jetzt ist die Reihe an dir, Esau. Du bist älter als Jakob. Das Erstgeburtsrecht steht dir zu.«
Esau nickt, und Isaak nimmt wieder einen Schluck aus dem Becher. »Ich habe noch einen Wunsch, Esau«, sagt er. »Nimm deinen Pfeilbogen und den Köcher mit den Pfeilen! Geh aufs Feld hinaus und jage einen Steinbock oder eine Wildgeiß! Und wenn du eine Beute gemacht hast, bringe sie heim und koche mir ein gutes Essen von dem Fleisch! So, wie ich es gern habe.«
»Ja, Vater«, antwortet Esau.
»Dann geh jetzt! Und wenn ich gegessen habe, will ich dich segnen.«
Rebekka läßt den Vorhang vorsichtig fallen. Schnell steht sie auf und kleidet sich an. Als Esau fort ist, eilt sie in das Zelt der Zwillinge.
»Jakob!« sagt sie. »Ich habe gerade gehört, daß dein Vater Esau segnen will.«
»Aber Esau hat doch das Erstgeburtsrecht mir verkauft!« sagt Jakob.
»Davon hat er dem Vater nichts erzählt«, erwidert Rebekka. »Und wenn schon: Der Vater würde trotzdem Esau segnen. Er ist der Erstgeborene. Aber mach jetzt, was ich dir sage! Geh schnell auf die Weide und hole mir aus der Herde zwei schöne Ziegenböcklein. Dann will ich deinem Vater ein gutes Essen machen. So, wie er es gern hat. Und dann bringst du es dem Vater. Wenn er gegessen hat, wird er dich segnen.«
»Aber das geht doch nicht, Mutter!« sagt Jakob. »Wenn der Vater merkt, daß ich es bin und nicht Esau, dann wird er mich bestimmt verfluchen statt segnen.«
»Dein Vater ist blind«, erwidert Rebekka. »Er kann dich nicht sehen. Und hören tut er auch nicht mehr gut.«
»Aber du weißt doch, daß der Vater alles betastet, seit er blind ist. Was, wenn er mir über die Hände oder die Arme fährt? Esau hat ganz haarige Arme. Aber ich habe eine glatte Haut.«

»Mir fällt schon etwas ein«, sagt Rebekka. »Geh jetzt und hole die Böcklein! Aber mach schnell! Wenn Esau heimkommt, muß der Vater gegessen und dich gesegnet haben!«
Eine Stunde später kocht auf einer Feuerstelle am Rand des Zeltdorfes Fleisch. Rebekka holt im Zelt der Zwillinge Esaus Festtagskleid. Sie gibt es Jakob. »Da, zieh es an!« sagt sie.
Jakob schlüpft in den kurzärmligen leinenen Hemdrock seines Bruders. Er legt sich das Obergewand um. Es ist aus blauen, roten und goldenen Fäden gewoben. Es reicht bis fast zum Boden. Unten hat es Fransen.
Rebekka lacht. »Jetzt siehst du schon beinahe wie Esau aus!« sagt sie.
»Und was ist mit den Armen?« will Jakob wissen. »Und am Hals hat er auch Haare!«
Rebekka bückt sich. Vor dem Feuer liegen noch die Felle der geschlachteten Böcklein. Rebekka schneidet die Felle in Streifen. Sie holt Bindfaden. »Streck deine Arme aus!« befiehlt sie. Dann bindet sie Jakob die Fellstreifen um die Arme und um den Hals.
Jakob lacht schallend. »Was für eine schlaue Mutter hab ich doch!« sagt er und umarmt Rebekka.
Rebekka kichert. »Die Haare kitzeln mich!« sagt sie. »Aber hole jetzt eine Schüssel! Und Brot! Ich richte das Fleisch an. Dann kannst du das Essen dem Vater bringen.«
Wenig später steht Jakob vor dem Zelt des Vaters. In einer Hand hält er die dampfende Schüssel, in der andern einen Weinkrug. Das Brot hat er unter den Arm geklemmt.
»Geh jetzt, Jakob«, sagt die Mutter leise. »Und verstelle deine Stimme!«
»Ich habe Angst«, sagt Jakob. »Was, wenn der Vater es trotzdem merkt und mich verflucht, statt mich zu segnen?«
»Dann soll der Fluch mich treffen!« erwidert Rebekka. »Geh jetzt! Ich warte hier draußen und schaue, daß kein Knecht ins Zelt geht. Und wenn Esau heimkommen sollte, dann versuche ich, ihn irgendwie zurückzuhalten.«
Jakob geht ins Zelt. Der Vater liegt in den Polstern. Seine Augen sind trüb. Zögernd geht Jakob auf ihn zu.
Da hebt Isaak den Kopf. »Wer ist da?« fragt er.
»Ich bin es, Vater!« sagt Jakob.
»Wer?«
»Der... der Esau! Ich habe gemacht, was du mir befohlen hast, Vater. Setz dich nur auf! Iß von dem Fleisch, das ich für ich gekocht habe! Ich habe es so gemacht, wie du es gern hast, Vater!«
Isaak fährt sich mit seiner mageren Hand über die Augen. Langsam

schüttelt er den Kopf. »Wie hast du denn so bald ein Wild gefunden, Esau?« will er wissen.
»Ich hab gar nicht weit gehen müssen, Vater«, sagt Jakob. »Gerade vor den letzten Zelten hat Gott mir eine Wildgeiß über den Weg laufen lassen. Ich habe sie mit meinem Bogen geschossen und bin gleich wieder heimgekommen.«
Wieder schüttelt Isaak den Kopf. »Komm zu mir, Esau!« befiehlt er.
Jakob stellt den Topf mit dem Fleisch, den Weinkrug und das Brot auf den Boden. Langsam geht er auf den Vater zu und kniet vor ihm nieder. Der Vater tastet mit seinen Händen über Jakobs Arme und über seinen Hals.
Noch einmal schüttelt er den Kopf. »Die Stimme war wie die Stimme Jakobs«, murmelt er. »Aber die Arme sind Esaus Arme.«
»Bring mir das Essen!« sagt er laut.
Jakob richtet die Polster und die Kissen und hilft dem Vater aufsitzen. Er holt das Fleisch, das Brot, den Wein. Der Vater langt mit den Fingern in den Topf. Er schiebt einen Fleischbrocken in den Mund. Er kaut langsam. Er nickt.
»Gut!«, sagt er. Er wischt sich die Finger am Brot ab. Er ißt das Brot. Er trinkt aus dem Krug einen langen Schluck Wein. Sein Gesicht wird fröhlich. Die blassen Wangen werden rot.
Da ertönen vor dem Zelt Schritte. Ängstlich horcht Jakob hinaus. Ob Esau schon zurückgekehrt ist?
Die Schritte entfernen sich. Jakob atmet auf. Isaak schiebt sich immer wieder Fleischstücke in den Mund. Er läßt sich Zeit zum Essen. Endlich fährt er sich mit dem Handrücken über den Mund. Zufrieden lehnt er sich zurück. Dann sagt er: »Küß mich, Esau!«
Jakob umarmt den Vater.
Isaak lächelt. »Daß ich so mißtrauisch gewesen bin!« sagt er. »Ich bin einfach nicht sicher gewesen, ob du der Esau oder der Jakob bist. Aber jetzt weiß ich es. Du bist Esau! Ich kenne dich am Geruch deiner Kleider. Die schmecken wie die Erde, wie der Boden draußen in der Wildnis. Knie nieder, Esau! Ich will dich segnen.«
Ganz still ist es im Zelt. Nur von ferne hört man die Rufe der von der Weide heimkehrenden Hirten. Isaak legt Jakob die Hände auf den Kopf. Dann sagt er:

»Der Geruch meines Sohnes
ist wie der Geruch des Feldes.
Gott hat das Feld gesegnet.
Und so soll er dich segnen!

Reich sollst du sein
und viel Korn und Wein haben!
Völker sollen dir dienen!
Dein Bruder soll sich vor dir verbeugen.
Und wer dich segnet,
der soll auch gesegnet sein!«

Jakob spürt die Wärme der Hände seines Vaters auf dem Kopf. Jetzt zieht der Vater die Hände weg. Schnell steht Jakob auf. Er nimmt das Geschirr zusammen und verläßt das Zelt.

Vor dem Zelt steht Rebekka.

»Er hat mich gesegnet, Mutter!« flüstert Jakob und umarmt Rebekka. »Er hat mich gesegnet!«

Der Tag vergeht. Die Sonne steht schon tief. Da kommt eine Gestalt von der Weide zum Zeltdorf. Es ist Esau. Auf den Schultern trägt er eine tote Wildgeiß. Schnell kocht er das Fleisch. Dann geht er ins Zelt Isaaks. Der Vater schläft in den Polstern.

»Vater!« ruft Esau. »Hier ist das Fleisch! Richte dich auf und iß! Und dann: segne mich!«

Isaak reibt sich die Augen aus.

»Wer... wer bist du denn?« fragt er verschlafen.

»Ich bin's, der Esau!«

»Aber du bist doch schon einmal dagewesen«, sagt Isaak.

»Nein, Vater. Ich bin eben erst von der Jagd gekommen!«

Isaak erschrickt. »Dann ist es doch Jakob gewesen«, sagt er. »Er hat mich betrogen. Aber ich habe ihn gesegnet. Ich habe ihn zum Herrn und Gebieter über dich gesetzt. Er wird reich und mächtig werden. Niemand kann diesen Segen von ihm nehmen. Was soll ich jetzt noch für dich tun, Esau?«

Esau steht fassungslos da.

»Du hast doch bestimmt noch einen andern Segen, Vater!« ruft er.

»So knie nieder!« antwortet der Vater. Er legt Esau seine Hände auf den Kopf und sagt:

»Arm mußt du sein!
Von dem, was du mit deinem
Pfeilbogen jagst, mußt du leben.
Deinem Bruder mußt du dienen.«

Esau steht auf. Er ist voll Bitterkeit. Ohne ein Wort verläßt er das Zelt des Vaters.

Als er draußen ist, murmelt er: »Das sollst du mir büßen, Jakob!«

Die Himmelsleiter

1. Mose 27, 41-46; 28, 10-22

Vorbemerkungen

Der erzürnte Esau rechnete mit dem baldigen Tod des Vaters. Dann wollte er mit Jakob abrechnen und ihn töten. Rebekka schickte Jakob darum zu ihrem Bruder Laban nach Haran. Er wollte eine Zeitlang dort bleiben, bis sich Esaus Zorn gelegt hatte. Aus der kurzen Zeit sollten zwanzig Jahre werden!
27, 46 — 28, 9 gehört einer andern Quelle an. Sie weiß nichts vom Zwist der Brüder und vom Betrug Jakobs. Auch die Begründung, warum Jakob zu Laban ging, unterscheidet sich von der vorangehenden: Jakob soll eine Frau aus der Sippe heiraten.
Bet-El war schon vor der Einwanderung der Israeliten eine bedeutende Stadt. Nach Richter 1, 23 hieß sie ehemals Lus. Sie lag 18 Kilometer nördlich Jerusalem an der Kreuzung der Straße, die von Norden nach Süden über das Hochland führte, mit dem Weg, der das Mittelmeer mit dem Jordantal verband. Im Nordosten des Dorfes, wo in späterer Zeit eine byzantinische Kirche und ein Kloster standen und von wo aus man freie Sicht ins Jordantal hat, dürften auch die kanaanäischen und israelitischen Kultstätten gelegen haben. Jedenfalls war Bethel eines der ältesten Jahweheiligtümer in Israel. Nach 1. Mose 12, 8 hatte Abraham hier einen Altar gebaut. Nach der Reichstrennung von 930 v. Chr. wurde Bethel unter Jerobeam I. Staatsheiligtum. Der Prophet Amos protestierte hier gegen die soziale Ungerechtigkeit und wurde unter Priester Amazja ausgewiesen. Man vermutet, daß Bet-El um 722 v. Chr. beim Einfall der Assyrer zerstört wurde.
Ein Denk- oder *Malstein,* wie ihn Jakob errichtete, heißt im Alten Testament massebah (Mazzebe) = das Aufgestellte, das Aufgerichtete. Der Erklärungen, warum in so vielen Religionen der Stein mit dem Heiligen in Verbindung gebracht wird, gibt es manche. Es ist möglich, daß die Verbindung von Bet-El (»Haus Gottes«) mit dem Stein darauf hinweist, daß in alter Zeit die Gottheit als in heiligen Steinen wohnend gedacht wurde. Später wurden die Steine jedoch nur noch als Gedenk- oder Malsteine angesehen. Eine letztgültige Erklärung ist indessen nicht möglich, weil Symbole mehrdeutig sind.
Ohne Zweifel hat man den ungezählten Pilgern, die in Bet-El opferten, den Stein gezeigt, auf dem Jakob geschlafen hatte und ihnen dabei die Ge-

schichte von Jakobs Traum erzählt. Es war etwa so, wie man noch heute an Wallfahrtsorten von wunderbaren Erscheinungen berichtet und dabei den Gegenstand zeigt, der mit diesem Ereignis in Verbindung steht. Die *Salbung des Steins,* die von den Pilgern nachvollzogen wurde, war — wie die Salbung eines Menschen — Zeichen dafür, daß dieser Gegenstand und mit ihm der Ort, auf dem er stand, vom alltäglichen Bereich ausgesondert und der Gottheit zugeeignet war. Der Gegenstand wird somit zur heiligen Sache, der Ort zum heiligen Ort. Das *Heilige* flößt Ehrfurcht ein. Scheu, unbeschreibliches Glück, *Furcht* und *Schauder* erfassen den Menschen, der mit dem Heiligen in Berührung kommt.
Beim *Traum* Jakobs handelt es sich um zwei nächtliche Offenbarungen. Die erste betrifft die *»Himmelsleiter«,* wobei das hebräische Wort jene schmale Stelle, jenen tunnelartigen Durchgang meint, »da sich nach dem Weltbild der Alten der ganze Verkehr zwischen der Erde und der göttlichen Welt vollzieht. Gottes Boten gehen hier unablässig hin und her, um Befehle auszuführen und die Erde zu überwachen.« (von Rad)
In der zweiten Offenbarung redet Gott selber mit Jakob. Er gibt sich als der Gott Abrahams und Isaaks zu erkennen und wiederholt die ihnen gegebenen Verheißungen.
Jakobs *Gelübde* gehört zur Gattung von Geschichten, wie sie auch sonst an Heiligtümern erzählt werden: Gläubige geloben der Gottheit etwas, sofern ihnen geholfen wird. So auch Jakob: »Wenn du mich behütest, mir Brot und Kleidung gibst und mich gesund heimkommen läßt, will ich dir ein Gotteshaus bauen und Steuern bezahlen!«

Erzählung

»Du hast wunderschöne Haare, Herrin!« sagt Asnath.
Asnath kämmt Rebekka die Haare. Sie gießt wohlriechendes Öl über das Haar. Mit ihren kräftigen Fingern massiert sie das Öl ein. Asnath ist eine von Rebekkas Dienerinnen.
Rebekka sitzt im Zelt auf einem Hocker aus Leder. In der rechten Hand hält sie eine runde polierte Kupferscheibe, in der ihr Gesicht sich spiegelt.
»Meine Haare werden grau«, seufzt sie. »Und Runzeln habe ich auch schon im Gesicht. Bald bin ich alt. Und wenn ich dann noch krank werde, so wie mein Mann, so blind und hilflos, oder wenn ich gar sterbe: was soll dann aus dem Jakob werden? Esau hat geheiratet. Er hat schon seit einem Jahr sein eigenes Zelt. Aber Jakob ist noch ledig. Es wäre am besten, wenn er eine Frau aus meiner Familie heiraten würde.«
Asnath flicht Rebekkas Haare zu zwei Zöpfen.

»Weiß meine Herrin schon«, sagt sie, »daß der Esau den Jakob töten will?«
Rebekka läßt den Spiegel fallen und schaut ihre Dienerin erschrocken an. »Wer sagt das, Asnath?«
»Der Hirt Achan hat es mir gesagt. Als Esau das letzte Mal von der Jagd heimgekommen ist, hat er noch mit den Hirten am Feuer gegessen und getrunken. Der Esau ist beim Trinken immer wilder geworden, und auf einmal hat er auf den Steinbock gezeigt, den er geschossen hatte, und gesagt: Mein Vater stirbt bald. Und wenn er gestorben ist, geht es meinem Bruder wie diesem Steinbock. Der Achan ist richtig erschrocken, weil der Steinbock ganz glasige Augen gehabt hat.«
Rebekka starrt vor sich hin. Ihre Augen füllen sich mit Tränen. »Gibt es denn keinen Frieden bei uns?« sagt sie. »Als sie klein gewesen sind und miteinander gestritten haben, habe ich gedacht: das hört auf, wenn sie groß sind. Aber es hat nicht aufgehört.«
Am Abend, als die Hirten heimgekommen sind, geht Rebekka zu Jakob ins Zelt. »Dein Bruder will sich an dir rächen«, sagt sie.
Jakob lacht und küßt die Mutter auf die Stirn. »Das mußt du nicht ernst nehmen«, sagt er.
»Ich nehme es aber ernst«, antwortete Rebekka. »Er hat vor den Hirten auf einen toten Steinbock gezeigt und gesagt: So geht es meinem Bruder, wenn der Vater gestorben ist. Du weißt: Esau ist wild und unbeherrscht. Wenn er zornig ist, weiß er nicht, was er tut. Meinst du, daß ich meine Kinder verlieren will? Es ist das beste, wenn ihr euch eine Zeitlang nicht mehr seht. Pack deine Sachen! Geh zu meinem Bruder, zu deinem Onkel Laban. Er wohnt viele Tagesreisen von hier, jenseits des Eufratstroms, bei der Stadt Haran. Bleib ein paar Monate bei ihm. Bis Esau seinen Zorn vergessen hat. Und vielleicht findest du im Haus meines Bruders sogar ein Mädchen, das deine Frau werden will. Du solltest heiraten, Jakob!«
Jakob geht in sein Zelt. Er packt Proviant ein. Auch eine Flasche mit Öl gegen die Sonne und zum Heilen von Wunden nimmt er mit. In einen langen Tuchstreifen legt er eine Handvoll Silber. Er dreht das Tuch zu einem Gürtel und bindet ihn um den Bauch. Dann wartet er in seinem Zelt, bis die Sonne untergegangen ist. In der Dunkelheit schleicht er zu seiner Mutter. Rebekka umarmt ihn.
»Bleib gesund, Jakob«, sagt sie. »Und in ein paar Monaten sehen wir uns wieder.«
Jakob küßt seine Mutter. Dann geht er schnell aus dem Zelt, und als er das Zeltdorf verläßt, weint er.
Jakob wandert über den Bergrücken. Tief unten liegt das Salzmeer. Er

kommt vorbei an Dörfern und Städten. In den Dörfern leben Bauern und Handwerker. Die Städte liegen geschützt vor Angreifern auf Hügeln und hinter Stadtmauern.
Am Abend des zweiten Tages erreicht Jakob eine kleine Ebene. Von hier aus kann er ins Jordantal hinuntersehen. Der Fluß, der sich wie eine Schlange durch das Tal zieht, liegt schon im Schatten. Aber hier oben scheint noch immer die Sonne.
»Da will ich über Nacht bleiben«, denkt Jakob. Er lehnt sich an einen Baumstamm und packt den Beutel aus. Als er gegessen hat, geht die Sonne unter. Schnell wird es dunkel. Jakob sucht sich eine Schlafstelle. Er findet einen großen Stein mit einer Einbuchtung, in die er seinen Kopf wie in ein Kissen legen kann. Er wickelt sich in seinen Mantel und schaut zu den Sternen am Himmel.
»Schläft wohl die Mutter schon?« denkt Jakob. »Und der Vater? Und Esau? Freut er sich, daß ich weggegangen bin?«
Über dem Hügel geht der Mond auf. In seinem bleichen Licht werfen die Steine und die Bäume leichte Schatten auf den Boden. Irgendwo schreit ein Nachtvogel. Jakob zieht den Mantel enger um sich. Er gähnt. Und schon ist er eingeschlafen.
Mit einem Mal ist es Jakob, als ob es hell würde. Hoch oben vom Himmel kommt ein Lichtstrahl. Er fällt genau auf den Ort, wo Jakob liegt. Der Lichtstrahl wird immer heller. Und da — mitten im Lichtstrahl — erscheint so etwas wie eine steile Treppe. Sie reicht von der Erde bis hoch hinauf in den Himmel. Unten ist sie breit, aber oben wird sie immer schmaler, wie eine Leiter, und zuletzt verliert sie sich wie ein silberner Faden in der Unendlichkeit. Jetzt sieht Jakob Gestalten auf der Treppe. Sie sehen aus wie Menschen. Aber es sind keine Menschen. Sie sind durchsichtig. Hell leuchtende Lichtwesen sind es. Da weiß Jakob: Diese Lichtwesen sind Gottes Gedanken, die zu den Menschen kommen und von den Menschen wieder zu Gott zurückkehren. Gottes Boten sind es; Engel, die zwischen Himmel und Erde hin und her schweben. Hinauf und hinunter. Nebeneinander, miteinander, durcheinander — ein unaufhörliches Kommen und Gehen.
Da hört Jakob eine Stimme. Die Stimme sagt: »Ich bin der Gott, der mit deinem Großvater Abraham geredet hat. Das Land, auf dem du jetzt schläfst, will ich deinen Nachkommen geben. Deine Kinder und Kindeskinder werden einmal so zahlreich sein wie die Sterne, die am Himmel stehen. Und mein Segen wird auf dir und auf deinen Kindern liegen!«
Der Lichtstrahl wird immer stärker. Jakobs Augen schmerzen. Er hält die Hände vor die Augen.

Da erwacht er. Er richtet sich auf. Die Sonne ist schon aufgegangen. Sie scheint ihm ins Gesicht. Auf dem Baum zwitschert ein Vogel.
»Das ist ein seltsamer Traum gewesen«, denkt Jakob. »Hier, wo ich geschlafen habe, kommen Gottes Gedanken auf die Erde. Da ist so etwas wie die Tür zum Himmel. Und ich habe das nicht einmal gemerkt, als ich mich gestern hier schlafen gelegt habe!«
Weil es ein besonderer Ort ist, will Jakob ein Denkmal errichten. Er versucht, den Stein, auf dem er geschlafen hat, aufrecht zu stellen. Der Stein ist schwer. Aber Jakob ist stark. Es gelingt ihm, den Stein aufzurichten. Im Bündel hat Jakob ein Krüglein mit Öl.
»Öl ist etwas Kostbares«, denkt Jakob. »Darum will ich es Gott schenken.« Jakob gießt das Öl über den Stein. Er sagt laut und feierlich: »Das hier ist ein heiliger Ort. Darum lege ich vor dem Gott meines Großvaters Abraham ein Versprechen ab: Wenn du, Gott, mit mir bist und mich behütest auf dem Weg in das fremde Land; wenn du mir Brot zu essen und Kleider zum Anziehen gibst, und wenn ich wieder gesund heimkomme, dann will ich dir hier einen Tempel bauen.«
Jakob packt das leere Ölkrüglein in den Beutel. Er schwingt den Beutel über den Rücken. Dann wandert er weiter den Berggrad entlang.
Drei Tage später kommt er ans Ende des Gebirges. Er steigt ins Tal hinunter, zum Jordanfluß. Er überquert den Fluß an einer Stelle, die nicht tief ist. Wenig später sieht er den See Genezaret, der lieblich inmitten blühender Wiesen liegt.
»Hier möchte ich bleiben«, denkt Jakob. Aber er muß weiter. Nach Haran. Zu seinem Onkel Laban.
Erneut steigt der Weg in die Berge. Der Proviant, den Jakob von zu Hause mitgenommen hat, geht zu Ende. Jakob sammelt Beeren und Früchte von den Bäumen. Manchmal kommt er an einer Weide vorbei, auf der Schafe grasen. Dann kauft er von dem Siber, das er im Gürtel bei sich hat, den Hirten Milch und Käse ab.
Nachts, vor dem Einschlafen, denkt er jetzt nicht mehr so viel an zu Hause, dafür umso mehr an seinen Onkel Laban. Er versucht, ihn sich vorzustellen. Die Mutter hat oft von ihrem Bruder erzählt.
»Reich ist er«, hat sie gesagt. »Fast so reich wie euer Vater. Er hat viele hundert Schafe und Ziegen. Auch Rinder hat er. Und Kamele. Und er ist schlau, der Laban. Als Bub hat er sich immer Streiche ausgedacht. Jetzt hat er ein paar Söhne. Sechs oder sieben. Und zwei Töchter. Die Lea und die Rahel.«
Jakob ist gespannt auf seinen Onkel Laban, auf seine Vettern und auf die Basen Lea und Rahel.

Lea und Rahel

1. Mose 29, 1-30

Vorbemerkungen

Nach dem hebräischen *Ehe- und Familienrecht* erwarb sich der Mann seine Frauen durch Kauf. Der Heirat voraus ging die Verlobung. »Sich eine Frau verloben« hieß: sich durch Zahlung des *Mohars* (hebräisch mahar = kaufen, tauschen, erwerben) ein Anrecht auf die Frau erwerben. Die Höhe des Mohars dürfte (nach 5. Mose 22, 29) um 50 Lot Silber (725 Gramm) gewesen sein. Zum Vergleich: Das Jahresgehalt eines Priesters betrug (nach Richter 17, 10) — ohne Verpflegung und Kleider — 10 Lot Silber (145 Gramm), und für das Grundstück Machpela bei Hebron bezahlte Abraham dem Efron 4,78 Kilogramm Silber. Statt mit Geld oder Naturalien konnte der Bräutigam auch mit Dienstleistungen bezahlen, zum Beispiel auch mit Kriegstaten (1. Samuel 17, 25!), und wenn Jakob für Rahel sieben Jahre diente, so entsprach das durchaus dem Gegenwert der oben genannten Summe. Mit der Zeit verlor der Mohar seine Bedeutung als Kaufgeld und wurde zum Brautgeschenk für die Verlobte. Jedenfalls tadelten Rahel und Lea ihren Vater, daß er Jakobs Arbeitsertrag für sich verbraucht und ihnen nicht gegeben habe (1. Mose 31, 14 f.). Daß Laban aber Jakobs Dienste nicht als Mohar verstand, zeigte sich später, als er seine Töchter und Enkelkinder als sein Eigentum beanspruchte.
Der Name *Lea* bedeutet wahrscheinlich »Kuh«; *Rahel* heißt »Mutterschaf«. Man nimmt an, daß diese Namen kulturgeschichtliche Erinnerungen bewahren, denn die Leastämme waren länger in Palästina und schon zu einer Zeit zur Rinderzucht übergegangen, als die Rahelstämme noch Schafzüchter waren.
Daß Laban dem Jakob die Lea unterschob — das Verbot der Ehe mit zwei Schwestern in 3. Mose 18, 18 f. stammt wohl aus späterer Zeit! —, war ein ungeheuerlicher Streich Labans. Man stelle sich das Lachen der ganzen Sippe samt den Knechten und Mägden und die derben Sprüche am Morgen nach der Hochzeit vor! Mühe bereitet die Vorstellung, daß Jakob von der Verwechslung bis zum andern Morgen nichts gemerkt hat! Aber die Erzählung will ja viel mehr ausdrücken als das Augenscheinliche. Sie sagt: Der gerissene, mit allen Wassern gewaschene Jakob hat nun doch seinen Meister in Laban gefunden. Jedoch auch in diesem neuerlichen Betrug waltet Gottes Vorherbestimmung, auch wenn sie vorerst den Menschen verborgen bleibt. Denn ohne Lea würde es keinen Ruben, kei-

nen Levi, keinen Juda geben; und ohne sie keinen Mose, keinen David. Ja, vom Neuen Testament her gesehen, müssen wir sogar sagen: keinen Jesus von Nazaret.

Über *Brunnen, Quellen und Zisternen* siehe die Vorbemerkungen zur Erzählung »Der Träumer«!

Erzählung

Schon von weitem hört Jakob das Blöken der Schafe. Aber erst, als er um die Wegbiegung kommt, sieht er die Tiere. Dichtgedrängt stehen sie nebeneinander auf einem großen Platz. Der Platz ist hart und staubig. Früher war hier wohl Gras gewachsen. Aber durch das beständige Herumstehen der Schafe waren die Grasnarben abgestorben.

In der Mitte des Platzes steht ein großer Stein. Auf der Schattenseite des Steins lehnen drei Hirten und dösen vor sich hin.

Als Jakob zum Platz kommt, sieht er, daß der Stein über einem Loch liegt. Hinter dem Stein ist eine Tränkrinne aus Holz. Jetzt weiß Jakob, daß hier eine Zisterne in den Boden gegraben ist und daß die Hirten hergekommen sind, um die Schafe zu tränken.

»He!« ruft Jakob. »Wo seid ihr her?«

Die drei Hirten heben ihre Köpfe und staunen Jakob mit verschlafenen Augen an. Einer — er hat einen runden roten Kopf mit einem Doppelkinn — zeigt mit dem Finger auf die Stadt und sagt: »Von Haran sind wir, woher denn sonst? Und woher kommst du?«

»Von Kanaan«, antwortet Jakob. »Ich will zu meinem Onkel Laban. Kennt ihr ihn?«

»Den Laban? Den kennt jeder in Haran«, sagen die Hirten wie aus einem Mund.

»Geht es ihm gut?« will Jakob wissen.

»Und ob es ihm gut geht! Der Laban ist der reichste Mann weit und breit. Er hat die schönsten Schafe und Ziegen. Er hat die meisten Knechte und Mägde. Er hat Kamele, Rinder, Silber und Gold. Er hat zwei Töchter, und die Jüngere, die Rahel, ist das schönste Mädchen weit und breit. Die würde ich auf der Stelle heiraten!«

»Aber sie dich bestimmt nicht«, sagt der andere Hirt, und alle drei lachen.

»Warum wälzt ihr den Stein nicht weg und gebt euren Schafen zu trinken?« will Jakob wissen.

»Das dürfen wir nicht«, sagt der Hirt mit dem Doppelkinn. »Wir müssen warten, bis am Abend alle Hirten aus der Gegend mit ihren Herden zum Tränken hierherkommen. Erst dann darf man den Stein wegwälzen.«

»Aber es ist noch lange nicht Abend«, erwidert Jakob. »Die Sonne steht noch hoch am Himmel. Da könnte man doch den Schafen Wasser geben und nachher wieder auf die Weide gehen!«
»Misch dich nicht in unsere Angelegenheiten!« sagt der Hirt mit dem Doppelkinn, und seine Augen funkeln böse. »Seit Urzeiten gilt das Gesetz, daß man den Stein erst wegwälzen darf, wenn alle hier sind.«
Schon will Jakob weggehen, da zeigt einer der Hirten in die Ferne und ruft: »Schau! Dort kommt die Rahel!«
Ein junges Mädchen treibt eine Herde Schafe über die Ebene. Es hat dunkelbraune Locken. Seine Wangen sind rot, seine Zähne schneeweiß. Als es zum Stein kommt, stemmt es die Arme in die Hüften und schaut die drei Hirten zornig an.
»Habt ihr den Stein wieder nicht weggewälzt, ihr Faulpelze!« ruft es.
»Wenn du zornig bist, bist du noch viel schöner als sonst!« sagt der Hirt mit dem Doppelkinn, und alle drei lachen.
Rahels Augen funkeln. »Wälzt den Stein weg!« befiehlt sie.
»Das Gesetz verbietet es, mein Schätzchen«, sagt der Hirt. »Man darf den Stein erst wegwälzen, wenn alle Hirten mit ihren Herden da sind.«
»Das Gesetz! Das Gesetz!« ruft Rahel. »Nicht das Gesetz befiehlt es. Sondern eure Faulheit! Ihr wollt nur bis am Abend im Schatten sitzen, anstatt eure Schafe zu weiden. Wenn ich ein Mann wäre, dann würde ich den Stein von euren Hintern wegschieben, damit ihr ins Wasser plumpst!«
»Wenn ich ein Mann wäre!« neckt sie der Hirt. »Du bist aber kein Mann. Du bist nur ein kleines Mädchen und hast hier überhaupt nichts zu sagen!«
»Ich wälze dir den Stein weg!« Jakob wirft sein Bündel auf den Boden.
Rahel starrt den Fremden an.
»Wer bist du?« fragt sie.
Jakob gibt keine Antwort. Er lächelt Rahel an und geht zum Stein.
»Hört den Aufschneider!« ruft der Hirt mit dem Doppelkinn. »Wir bringen den Stein zu dritt kaum von der Stelle. Und der will es allein machen?«
Jakob stemmt sich gegen den Stein. Sein Kopf wird rot vor Anstrengung. Seine Muskeln spannen sich. Rahel hüpft vor Aufregung von einem Bein aufs andere.
Da bewegt sich der Stein. Die drei Hirten springen auf. Sie schimpfen. Sie ballen die Fäuste. Aber Jakob kümmert sich nicht um sie. Jetzt rollt der Stein zur Seite.
Neben der Zisterne liegt ein Ledersack. Er ist an einem langen Seil befestigt. Jakob wirft den Sack in die Zisterne. Der Sack füllt sich mit Wasser.

Mit einem Schwung zieht ihn Jakob heraus und schüttet das Wasser in die Tränkrinne. Die Schafe drängen sich an die Rinne und trinken. Rahel lacht. In ihren Wangen bilden sich zwei Grübchen.
»Bist du aber stark!« sagt sie zu Jakob. »Wer bist du denn?«
Da geht Jakob auf Rahel zu. Er umarmt sie.
»Ich bin Jakob! Der Sohn des Isaak und der Rebekka! Rebekka ist die Schwester deines Vaters!«
Jakob gibt Rahel einen Kuß mitten auf den Mund. Da werden Rahels Wangen noch röter. Sie reißt sich von Jakob los und rennt davon.
Jakob treibt die Schafe zusammen und schlägt den Weg gegen die Stadt ein. Nach kurzer Zeit kommt ihm ein Mann entgegen. Er ist klein und kräftig. Seine Augen blicken schlau in die Welt. Auf dem Kopf trägt er ein weißes Tuch gegen die Sonne. Der Mann eilt auf Jakob zu und umarmt ihn.
»Willkommen Jakob!« sagt er. »Ich bin dein Onkel Laban. Was führt dich zu uns? Hoffentlich nichts Schlimmes! Schau, dort ist mein Haus! Komm und ruh dich aus!« Laban nimmt Jakob am Arm und zieht ihn mit sich.
Das Haus Labans steht außerhalb der Stadtmauer. Es ist das gleiche Haus, in dem vor vielen Jahren schon Elieser gewesen ist. Das Haus ist aus Lehmziegeln gebaut. Es hat ein flaches Dach und einen großen Hof. Vom Hof führt an der Außenwand eine Treppe auf das Dach. Um den Hof herum zieht sich eine Steinmauer.
Im Hof stehen viele Leute: Labans Frau, seine Söhne und Töchter und auch einige Knechte und Mägde. Sie lachen, klatschen in die Hände und schauen Jakob neugierig an. Rahel hat ihnen schon alles erzählt.
Jakob begrüßt seine Tante, seine Vettern und Lea, die ältere der beiden Schwestern. Lea ist größer, dicker und schwerfälliger als Rahel. Ihre Augen glänzen nicht so hell wie diejenigen ihrer Schwester.
»Komm, Jakob!« sagt Laban. »Wir wollen unserem Hausgott danken, daß du eine so gute Reise gehabt hast.«
Laban und Jakob gehen ins Haus. Das Haus hat nur einen einzigen Raum mit einem kleinen Fenster. In einer Mauernische steht eine kleine Holzfigur. Sie stellt einen Mann dar.
»Das ist unser Hausgott«, sagt Laban. Er gießt ein wenig Öl über die Figur. Dann kniet er auf den Boden, und Jakob macht es ihm nach.
Laban betet: »Ich danke dir, Gott meines Hauses und meiner Familie, daß du den Jakob auf seiner Reise begleitet hast und daß ihm nichts zugestoßen ist. Segne ihn und uns alle. Amen.«
»Ich möchte auch noch meinem Gott danken«, sagt Jakob.

»Wo hast du ihn?« fragt Laban.
»Es gibt kein Bild von ihm«, antwortet Jakob. »Aber er hat mit meinem Großvater und mit meinem Vater geredet. Und er redet auch mit mir.«
»Dann wollen wir auch deinem Gott danken«, sagt Laban, und Jakob betet: »Ich danke dir, Gott meines Großvaters Abraham, daß du mich gesund bis zu meinem Onkel gebracht hast. Segne seine Familie und seine Herden. Amen.«
Laban und Jakob stehen auf und gehen wieder in den Hof hinaus.
»Zu Ehren unseres Gastes feiern wir ein Fest!« ruft Laban. »Ihr beiden Knechte dort: Schlachtet fünf Schafe! Und du, Rahel, kannst mit Lea zusammen Brot backen!«
Die Mädchen und die Knechte eilen davon. Die andern setzen sich im Kreis in den Hof. Jetzt muß Jakob von zu Hause erzählen. Er berichtet von Isaak, von Rebekka und von seinem Bruder Esau. Er erzählt auch die Geschichte vom Linsengericht und vom Segen des Vaters.
»Du bist ein schlauer Kerl, Jakob«, sagt Laban. »Wie lange willst du bei mir bleiben?«
»Ein paar Monate. Vielleicht ein Jahr. Ich kann dir bei deiner Arbeit helfen.«
Laban kratzt sich an der Stirn. »Ich bin der reichste Schafzüchter weit und breit«, sagt er. »Niemand hat so große Herden wie ich. Aber ich habe viel zu wenig Hirten für meine Schafe und Ziegen. Ich könnte einen jungen kräftigen Mann, wie du einer bist, gut brauchen.«
»Darauf verstehe ich mich«, antwortet Jakob. »Zu Hause habe ich auch Schafe gehütet.«
»Gut«, sagt Laban. »Morgen gehen wir hinaus zu den Herden. Ich zeige dir die Weideplätze.«
Inzwischen ist es Abend geworden. Das Essen ist fertig. Der ganze Hof duftet nach frischem Brot. Der Topf mit dem Fleisch wird in die Mitte gestellt. Laban holt einen Krug Wein. Jetzt essen und trinken alle. Rahel schaut immer wieder zu Jakob hinüber.
Der Mond geht auf. Laban erzählt von früher.
»Vor vielen Jahren hat unsere ganze Familie hier in Haran gewohnt: mein Urgroßvater Terach mit seinen drei Söhnen Abraham, Nahor und Haran. Haran ist früh gestorben, und eines Tages ist Abraham von hier weggezogen. Nur mein Großvater Nahor ist hier geblieben. Aber er hat noch in einem Zelt gewohnt. Später hat mein Vater Betuel diesen Hof hier gebaut. So haben wir ein festes Haus, auch wenn wir Männer die meiste Zeit draußen bei den Schafen sind. Unsere Frauen pflanzen hier Gemüse und ein wenig Getreide an.«

Es ist schon spät in der Nacht, als Laban aufsteht und sagt: »Schluß für heute! Morgen müssen wir früh aufstehen. Du kannst heute nacht auf dem Flachdach schlafen, Jakob!«
Rahel eilt ins Haus. Sie kommt mit einem Schaffell zurück. »Damit du nicht frierst, Jakob!« sagt sie. Jakob geht die schmale Treppe zum Flachdach hinauf. Er deckt sich mit dem Schaffell zu, obwohl es nicht kalt ist. Bevor er einschläft, denkt er an Rahel.
Früh am andern Morgen steht er auf. Laban zeigt ihm die Weideplätze. Einige liegen vor der Stadt Haran. Andere sind weit weg. Schon einen Tag später hütet Jakob Labans Schafe und Ziegen. In der Nacht treibt er die Schafe auf einen ummauerten Platz. Hier sind sie vor wilden Tieren und Räubern geschützt.
Jakob sieht die Rahel jetzt nicht mehr. Aber er muß Tag und Nacht an sie denken.

Jakob ist schon über einen Monat bei Laban. Eines Tages kommt Laban auf seinem Maulesel bei ihm vorbei. Er bringt Brot, Oliven, Feigen und Rosinen für die Hirten und zählt die Schafe und Ziegen.
»Du bist ein guter Hirte, Jakob«, sagt er. »Kein Tier ist verlorengegangen. Ich will nicht, daß du umsonst für mich arbeitest. Sag mir, was ich dir als Lohn geben soll.«
Jakob überlegt. Er weiß genau, was er will. Aber er kann es doch nicht so geradeheraus sagen!
»Ich bin froh, daß ich bei dir sein darf, Laban«, sagt er nach einer Weile. »Du gibst mir zu essen. Und sonst brauche ich eigentlich nichts.«
»Ich will dir aber etwas geben!«
»Ich weiß nicht, ob... ob...« Jakob wird feuerrot im Gesicht.
»Was: ob?«
»Ob ich es bekommen kann.«
»Was?«
»Die... die... die Rahel!« sagt Jakob.
»Hab ich mir's doch gedacht!« ruft Laban. »Sie hat dich ja schon am ersten Abend mit ihren Augen beinahe verschlungen. Und jeden Tag fragt sie zu Hause: Wie geht es wohl dem Jakob? Hat der Jakob auch wirklich genug zu essen? Hoffentlich gefällt es dem Jakob bei uns!«
»Ich hab die Rahel gern«, sagt Jakob. »Gib sie mir zur Frau, Laban! Ich will sieben Jahre für dich arbeiten, wenn ich sie heiraten darf.«
Laban kneift die Augen zusammen. »Es ist besser, ich gebe sie dir zur Frau als einem Fremden«, sagt er. »In sieben Jahren kannst du sie heiraten!«

Jakob umarmt Laban. Er tanzt und macht Luftsprünge. »Rahel wird meine Frau!« ruft er.
Sieben Jahre sind eine lange Zeit. Aber dem Jakob kommen sie wie ein paar Tage vor, so gern hat er Rahel.
Endlich kommt der Tag der Hochzeit. Laban hat ein großes Fest vorbereitet. Viele Hirten und Freunde aus Haran und aus der Umgebung der Stadt sind eingeladen. Auf der einen Seite im Hof sitzen die Männer, auf der andern die Frauen. Die Frauen haben ihre Gesichter mit Tüchern verdeckt. Nur die Augen schauen heraus. Aber Jakob kennt Rahel. Er winkt ihr zu. »Heute wird sie meine Frau«, denkt er.
Den ganzen Tag essen und trinken die Menschen. Musikanten spielen auf. Am Abend wird ein Feuer angezündet.
Laban schaut Jakob verschmitzt an. Manchmal ist es Jakob, als ob Laban und seine Söhne hinter seinem Rücken lachten.
Endlich sagt Laban zu Jakob: »Geh jetzt ins Haus! Es gehört heute nacht dir und deiner Frau. Ich bringe dir Rahel nachher.«
Jakob geht ins Haus. Es ist stockdunkel im Raum. Jakob wartet.
Jetzt geht die Türe auf.
»Hier ist deine Frau!« sagt Laban im Dunkeln.
Jakob umarmt Rahel.
Laban geht hinaus und schließt die Tür hinter sich. Im Hof singen und lachen die Leute bis spät in die Nacht.

Früh am Morgen erwacht Jakob. Durch das kleine Fenster oben an der Wand scheint die Sonne.
»Guten Morgen, Rahel!« ruft Jakob und gibt seiner Frau einen Kuß.
Da erschrickt er.
»Du... bist... du bist ja gar nicht Rahel!« ruft Jakob. »Du bist Lea!«
Lea lacht. »Ich bin deine Frau!« sagt sie.
»Aber ich habe doch Rahel...«
Da geht die Türe auf. Laban kommt ins Haus. Er lacht schallend.
»Ich habe dir gestern nacht die Lea gebracht«, sagt er.
Jakob springt auf. Sein Gesicht ist rot vor Zorn. »Ich habe nicht für Lea geschuftet«, schreit er. »Sondern für Rahel. Sieben Jahre lang! Und jetzt hast du mich betrogen!«
»Beruhige dich doch, Jakob!« sagt Laban. »Es ist bei uns nun einmal Brauch, daß zuerst die ältere Schwester verheiratet wird. Und dann erst die jüngere.«
»Ich will nicht Lea«, ruft Jakob, »ich will Rahel!«
»Du kannst auch noch die Rahel zur Frau haben. Morgen schon kannst

du sie heiraten. Aber dann mußt du mir noch einmal sieben Jahre die Schafe hüten!«
»Du Schuft!« knurrt Jakob. Aber weil er Rahel so lieb hat, willigt er ein.
Ein paar Tage später heiratet er Rahel, und wiederum kommen ihm die sieben Jahre, die er für sie arbeiten muß, wie ein paar Tage vor.

Jakobs Wohlstand

1. Mose 29, 31-30, 43

Vorbemerkungen

Hier eine Übersicht über Jakobs Söhne und deren Mütter:

Lea-Stämme	*Rahel-Stämme*
Ruben	Josef
Simeon	Benjamin
Levi	
Juda	
Issaschar	
Sebulon	
Silpa	*Bilha*
Gad	Dan
Ascher	Naftali

Die *Namensdeutungen* mit ihren Wortspielen sind nur vom Urtext her zu verstehen. Da sie für unsere Erzählung kaum verwertbar sind, gehe ich nicht darauf ein.
Da Ansehen und Stellung einer Frau von der Anzahl der Söhne, die sie geboren hatte, abhingen, ist es verständlich, daß sie alles daran setzte, ihre Fruchtbarkeit unter Beweis zu stellen. Blieb sie — und sei es auch nur zeitweise — kinderlos, so war es durchaus nicht anstößig, wenn sie dem Mann ihre Magd überließ, um durch sie zu einem Kind zu kommen. So soll Bilha auf den Knien ihrer Herrin Rahel gebären, damit das aus dem Schoß der Leibsklavin kommende Kind als ihr eigenes gilt.
Für *Magd* gilt das gleiche, was schon über den Knecht gesagt worden ist. (Siehe Vorbemerkungen zur Erzählung »Das Versprechen«!)
Die Vorgeschichte zur *Geburt des Issaschar* ist »eine der seltenen Überlieferungen, die die Erzväter auch als Ackerbauern zeigt. Auch die Klein-

viehnomaden haben bei ihrer zeitweiligen Seßhaftigkeit schon Ackerbau betrieben.« (von Rad)

Die *Liebesäpfel*, die Ruben fand, sind die gelbroten, starkriechenden Früchte der Mandragora, eines staudigen Nachtschattengewächses. Diese Früchte wirken betäubend und sind seit alters als Aphrodisiakum bekannt. Der Wurzelstock der Mandragora ist der Alraun, der seiner oft menschenähnlichen Formen wegen im Aberglauben als Zaubermittel eine große Rolle spielte und noch immer spielt. Wegen dieser, den Eros steigernden Eigenschaft, begehrte Rahel die Liebesäpfel von Lea. Doch sie nützten ihr nichts. Erst Gottes Gedenken (Vers 22) machte sie fruchtbar!

Die Erzählung von *Jakobs Wohlstand* ist in vielen Einzelheiten nicht mehr verständlich. Dies unter anderem auch deshalb, weil manche hebräische Ausdrücke nicht übersetzt werden können. Doch ist der Sinn der Geschichte folgender: Jakob will heimkehren und bittet Laban um die Lösung des Dienstverhältnisses. Zwar sagt Laban, Jakob solle den Lohn für seine Dienste bestimmen, da er ja durch ihn reich geworden sei. Das bedeutet aber noch lange nicht, daß das Dienstverhältnis auf so einfache Art und Weise, wie es heute geschieht, aufgelöst werden konnte. Die späteren Ereignisse zeigen das deutlich. Für Laban ist Jakob ein grundbesitzloser Fremdling und somit kein vollberechtigtes Glied der Rechtsgemeinde. Zwar kann er seinen Lohn beanspruchen, aber er muß — so Labans Ansicht — seine Frau und Kinder zurücklassen. Laban weist später auf diese Rechtslage hin, wenn er (31, 43) sagt: »Die Töchter sind meine Töchter, und die Kinder sind meine Kinder.« Jakob jedoch stellt sich auf den Standpunkt, daß er als Verwandter Labans andere Rechte habe als ein Fremdling. Trotzdem verlangt er keinen bestimmten Lohn, sondern ist bereit, weiterhin als Hirte zu arbeiten, sofern er einen Teil der geworfenen Tiere behalten darf. Die Abmachung, die die beiden treffen, sieht so aus: Kleinviehherden bestehen aus den meist einfarbigen (weißen) Schafen und ebenfalls meist einfarbigen (schwarzbraunen) Ziegen. Viel seltener sind gesprenkelte und gestreifte Tiere. Jakob schlägt Laban vor, diese mehrfarbigen Tiere aus der Herde zu entfernen, und was dann von der (einfarbigen) Herde trotzdem an Gesprenkelten und Gestreiften geworfen würde, das sollte ihm gehören.

Die Vorstellung, daß visuelle Eindrücke bei der Begattung — und auch während der Schwangerschaft — auf die Leibesfrucht Einfluß haben, ist eine über die ganze Erde verbreitete Ansicht. Doch wichtiger ist dem Erzähler einmal mehr dies: zu zeigen, daß Jakob weiterhin ein schlauer Bursche ist und daß es dieses Mal selbst dem Laban nicht gelingt, seine Pläne zu durchschauen.

Ich würde diese Geschichte so deuten: Gottes Versprechen, aus Abraham ein großes Volk zu machen, hat sich im Kindersegen Jakobs bewahrheitet. Ebenfalls zeigt sich die Wirkung des Segens darin, daß Jakob reich wird, obwohl er mit nichts angefangen hat. In diesen Äußerlichkeiten zeigt sich Gottes Führung, und dies wird es auch sein, was in dieser Erzählung für die Kinder im Vordergrund zu stehen hat.

Erzählung

Vor der Stadt Haran, dort, wo früher nur das Haus des Schafzüchters Laban gestanden hat, stehen jetzt vier Häuser. Im alten Haus wohnt noch immer Laban. Aber in der Zwischenzeit haben seine Töchter und Söhne geheiratet. Kinder sind auf die Welt gekommen. Laban ist Großvater geworden. Für so viele Menschen gab es im alten Haus keinen Platz mehr. Darum hat Laban zuerst ein zweites, dann ein drittes und zuletzt noch ein viertes Haus gebaut. Auch die Vorratshäuser und den Hof hat er vergrößern und um alles herum eine neue Mauer bauen lassen. So sieht jetzt Labans Hof fast wie ein kleines befestigtes Dorf aus.
In einem dieser Häuser wohnen Jakob, Lea und Rahel. Jakob ist schon bald zwanzig Jahre bei Laban, und seine Frauen haben ihm zwölf Kinder geboren.
Der älteste Bub heißt Ruben. Er ist zwölf Jahre alt und schon stark und tüchtig. Am Morgen früh geht er mit den Schafen seines Großvaters auf die Weide hinaus. Meist nimmt er seine Brüder mit: Simeon, Levi und Juda. Sie sind ein wenig jünger als Ruben.
»Dürfen wir auch mitkommen?« betteln der neunjährige Dan und der achtjährige Naftali. Der Großvater hat ihnen einen Esel geschenkt, und wenn es Ruben erlaubt, reiten sie mit ihm auf die Weide.
Wenn sie auf dem Weideplatz angekommen sind und die Schafe grasen, lehrt Ruben seine Brüder die alten Hirtenspiele: das Ringen und das Kämpfen mit dem Hirtenstock. Manchmal drückt er ihnen mit den Fingern auf die Armmuskeln. Dann sagt er immer zu Dan und Naftali: »Ihr habt noch keine rechten Muskeln. Ihr seid noch Milchkinder. Ihr reitet zu viel auf dem Esel, anstatt zu Fuß zu gehen. Hirten müssen stark und abgehärtet sein, damit sie gegen wilde Tiere und Räuber kämpfen können.«
Manchmal schneidet Ruben auch von einem Strauch einen dicken Zweig ab, stößt das Mark heraus und fertigt eine Flöte an. Er lehrt seine Brüder alte Hirtentänze und Lieder.
Die jüngeren Geschwister dürfen noch nicht hinaus auf die Weide. Aber sie helfen den Müttern und den Mägden bei der Arbeit zu Hause.

Gad und Ascher holen jeden Morgen und jeden Abend Wasser am Brunnen vor der Stadt. Eine Steintreppe führt zur Quelle hinunter. Oben an der Treppe sitzen drei Hirten. Sie dösen den ganzen Tag vor sich hin. Sie sind zu alt, um noch mit den Schafen auf die Weide zu gehen. Einer hat ein rundes rotes Gesicht und ein Doppelkinn. Wenn Gad und Ascher kommen und er nicht gerade schläft, ruft er jedesmal: »Da kommen die Jakobskinder! Zeigt eure Muskeln! Seid ihr schon so stark wie euer Vater? Als er vor vielen Jahren nach Haran gekommen ist, hat er den Stein ganz allein von der Zisterne dort drüben gerollt!«
Der alte Hirte zeigt in die Ferne.
»Und an diesem Brunnen da«, sagt er, »hat eure Großmutter Rebekka die Kamele getränkt, als der Knecht eine Frau für den Isaak suchen mußte.«
Gad und Ascher hören dem alten Hirten zu, obwohl er immer die gleiche Geschichte erzählt.
Issaschar und Sebulon sind noch zu klein, um zum Brunnen zu gehen. Aber nützlich machen können auch sie sich. Sie spinnen zu Hause Wolle. Geschickt drehen sie die Spindel mit ihren kleinen Händen.
Die beiden Jüngsten, Dina, das Schwesterchen, und Josef, der Dreijährige, krabbeln im Hof umher und spielen mit Steinen.
»Die Steine sind Schafe!« sagt Dina zu Josef. »Die schwarzen Steine sind schwarze Schafe. Sie gehören dir. Die weißen Steine sind weiße Schafe. Und die gehören mir.«
»Alle Schafe gehören dem Großvater!« ruft eine Stimme. Es ist Laban. Er kommt von seinem Haus in den Hof, wo die Kinder spielen.
»Großvater!« ruft Dina und wirft sich Laban in die Arme. Laban hebt sie in die Luft. Er läßt sie fallen und fängt sie wieder auf. Dina kreischt vor Vergnügen.
»Mich auch Luft werfen!« ruft Josef und watschelt mit seinen kurzen Beinen zum Großvater.
Laban hält seine Hände auf den Rücken. »Ich habe dir etwas mitgebracht, Josef«, sagt er. »Welche Hand willst du?«
Josef kennt das Spiel. Wenn er sagt: »Diese Hand da!«, dann ist sie leer. Und wenn er sagt: »Die andere Hand!«, dann ist sie auch leer, weil der Großvater das, was er in der Hand hält, hinter dem Rücken immer schnell in die andere Hand tut.
»Die und die!« ruft Josef und zeigt auf beide Hände.
Unter der Tür lacht jemand. Es ist Jakob. Er kommt auf Josef zu und streicht ihm über das Haar.
»Du bist ein pfiffiger Kerl, Josef«, sagt er. »Genau wie dein Großvater!«

»Oder wie dein Vater«, antwortet Laban, öffnet lachend seine Hände und stopft Dina und Joseph eine Dattel in den Mund.
»Komm, Laban«, sagt Jakob. »Wir setzen uns hier an den Steintisch im Schatten des Hauses!« Er geht ins Haus und kommt mit Brotfladen und einem Teller voll Oliven zurück. Die Männer essen. Sie schauen Dina und Josef zu, die wieder mit ihren Steinchen spielen.
»Du hast prächtige Kinder«, sagt Laban.
»Sie sind alle gesund«, antwortet Jakob. »Gott hat mich gesegnet.«
»Weißt du noch«, sagt Laban, »als du vor vielen Jahren zu mir gekommen bist. Als ich dich gefragt habe, wie lang du bei mir bleiben willst, — weißt du, was du da geantwortet hast? Ein paar Monate! hast du gesagt. Oder vielleicht ein Jahr. Und jetzt sind aus diesem Jahr beinahe zwanzig Jahre geworden.«
Jakob nickt. »Ich denke in letzter Zeit viel an zu Hause«, sagt er. »Manchmal träume ich nachts von der Zeltstadt und vom Zelt meines Vaters. Ich sehe ihn in seinen Polstern liegen. Ich sehe auch die Mutter mit ihren schwarzen Zöpfen. Und ich sehe Esau vor dem Zelt eine Maus fangen. Ob der Esau noch immer im Zeltdorf wohnt und ob er noch böse auf mich ist?«
Jakob steht auf. Er geht an das Hoftor und schaut in die Ferne.
»Ich möchte wieder heim«, sagt er zu Laban. »Erlaube mir, daß ich mit Lea und Rahel und mit meinen Kindern nach Kanaan zurückgehe. Ich habe dir ja lange gedient.«
»Ich kann dich nicht zwingen, immer hierzubleiben«, sagt Laban. »Seit du bei mir bist, hat Gott mich gesegnet. Ich bin schon vorher der reichste Viehzüchter hier gewesen. Aber jetzt habe ich so viele Schafe und Ziegen, so viele Rinder und Kamele und so viel Gold und Silber wie nie zuvor. Darum hast auch du einen rechten Lohn verdient. Sag mir, was ich dir geben soll!«
»Du hast mir ja Lea und Rahel gegeben, und wir alle haben von dir Essen und Kleidung bekommen«, antwortet Jakob.
»Aber ich will dir einen Lohn geben«, beharrt Laban.
Jakob denkt nach. »Gut«, sagt er. »Ich bleibe noch etwa ein Jahr bei dir. Und alle Schafe und Ziegen, die in dieser Zeit geboren werden und ein weißes Fell haben, sollen dir gehören. Aber alle Schafe und Ziegen, die in dieser Zeit geboren werden und ein gesprenkeltes oder ein gestreiftes Fell haben, sollen mir gehören.«
Laban möchte laut herauslachen. Aber er läßt sich nichts anmerken. »Gesprenkelte und gestreifte Schafe und Ziegen gibt es doch nur ganz selten«, denkt er. »Aber mir soll es recht sein.«

»Ich bin einverstanden«, sagt er laut. »Komm, schlag ein!«
Die beiden Männer geben sich die Hand. Dann eilt Laban, so schnell ihn seine Beine tragen, zu seinen Söhnen. »Der Jakob ist jetzt zwanzig Jahre bei uns«, sagt er. »Aber er versteht überhaupt nichts von Tierzucht.« Er erzählt ihnen, was er mit Jakob abgemacht hat. Da lachen alle aus vollem Hals über Jakobs Dummheit.
Aber ein paar Monate später lachen sie nicht mehr.
Laban reitet mit seinem Esel hinaus, um die Schafe und die Ziegen zu zählen. Als er zu Jakob kommt, staunt er. Wo er hinschaut, sieht er junge schwarze, gestreifte und gesprenkelte Ziegen und Schafe.
Laban fängt an zu zählen: »Eins... zwei... vier... sechs... zehn...«
Er zählt eine Viertelstunde. Er zählt eine halbe Stunde. Er zählt eine Stunde. Der Schweiß läuft ihm übers Gesicht. Endlich ist er fertig.
»Fast vierhundert Schafe und Ziegen gehören dem Jakob!« murmelt er.
»Und wem gehören die Kamele dort und die Rinder?« fragt er einen der Hirten.
»Die gehören meinem Herrn, dem Jakob!« sagt der Hirte. »Er hat Schafe und Ziegen gegen die Kamele und Rinder eingetauscht.«
Laban schwingt sich auf seinen Esel und reitet nach Hause.
»Wie hat er das nur fertig gebracht?« fragt er seine Söhne.
»Er wird zu unseren weißen Schafen schwarze und zu unseren dunkelbraunen Ziegen ein paar weiße dazugekauft haben«, sagt einer der Söhne. »Und dann sind die Jungen eben gefleckt und gesprenkelt gewesen. Anscheinend versteht der Jakob doch etwas von Viehzucht.«
»Das gelingt nicht immer«, sagt Laban. »Aber dem Jakob gelingt alles. Es ist wie ein Zauber.«
»Vielleicht ist sein Gott mächtiger als unser Hausgott«, sagt einer der Söhne.
»Ach was!« ruft Laban. Er schimpft noch lange vor sich hin, und in seinem Herzen ist es finster vor Neid und Mißgunst.

Die Heimkehr

1. Mose 31

Vorbemerkungen

Zwei Gründe veranlaßten Jakob zur Heimkehr: der Neid der Familie Labans und ein Gottesspruch. Jakob ließ darum seine Frauen zu sich auf die Weide kommen und schlug ihnen vor, Laban zu verlassen. Wenn es dem Bibelleser vorkommt, daß hier ein ganz anderer Jakob redet als sonst, dann ist dieser Eindruck durchaus richtig. Diese Rede — wie auch diejenige, die Jakob später (Verse 36 ff.) Laban hielt — stammt aus der Quellenschicht des Elohisten.

Lea und Rahel waren mit dem Fluchtplan einverstanden, und da die Zeit günstig war — Laban war mit der Schafschur, die im Frühjahr stattfand, beschäftigt —, machte sich Jakob ohne Verzug mit seiner Familie und der Herde auf den Weg über den Eufrat nach dem Bergland *Gilead,* das südlich des Jabbokflusses liegt. Als Laban von der Flucht hörte, jagte er dem Jakob nach. Da es von Haran bis Gilead über 800 Kilometer sind, liegt bei den *sieben Tagen* entweder ein Irrtum vor, oder die Zahl muß symbolisch verstanden werden. Da ich von Jakobs Kampf am Jabbokfluß erst in der folgenden Geschichte erzähle, findet hier die Begegnung nördlich des Flusses statt.

Von den *Theraphim* wissen wir nur, daß sie Kultgegenstände waren, die auch zu Hause aufbewahrt wurden (»Hausgötter«). Nach 1. Samuel 19,13 müssen sie die Gestalt oder wenigstens das Gesicht eines Menschen gehabt haben. Es gibt auch Forscher, die an Masken denken. Jedenfalls wurden sie — nach Ezechiel 21,26 — bei der Einholung von Orakeln in Anspruch genommen und standen in hohem Ansehen, denn bei der Auseinandersetzung zwischen Jakob und Laban geht es primär um den Theraphim, und Jakob verurteilt von vorneherein denjenigen zum Tode, bei dem der Gott gefunden würde.

Beim *Gefürchteten Isaaks,* den Jakob neben dem Gott seines Vaters nennt, handelt es sich um den Namen einer Gottheit, die die vormosaischen Isaakleute verehrt haben.

Der zweite Verhandlungspunkt zwischen Laban und Jakob war der *Vertrag,* den sie miteinander schlossen. Dabei verpflichtete sich Jakob, Labans Töchter recht zu behandeln. Das heißt: Er wird sie, auch wenn sie älter werden, nicht zugunsten anderer Frauen verstoßen oder ihre Rechte schmälern. Gleichzeitig wurde die Grenze zwischen Labans und Jakobs Sippe festgelegt, die von keinem der beiden in böser Absicht überschritten werden durfte.

Erzählung

Die Regenzeit geht zu Ende. Die letzten schweren Regenfälle sind vorüber. Die Weiden werden grün. Die Sonne scheint jeden Tag wärmer. Jetzt ist die Zeit der Schafschur.
Die Hirten freuen sich. Sie können einen Teil der Wolle auf den Märkten verkaufen. Sie können sie gegen Öl, Gerste, Wein, Silber und Gold eintauschen. Darum feiern die Hirten am Schluß der Schafschur ein großes Fest. Da wird üppig gegessen, getrunken, getanzt und gesungen.
Aber dieses Jahr hat Laban an der Schafschur keine Freude. »Wir haben viel weniger Wolle als letztes Jahr!« klagt er seinen Söhnen.
»Unsere Weiden sind eben voll von gefleckten und gestreiften Tieren«, sagen Labans Söhne zu ihrem Vater. »Wo man hinschaut, wimmelt es von Jakobs Schafen und Ziegen. Der Jakob ist reich geworden. Bald ist er der reichste Viehzüchter in Haran. Reicher als du, Vater!«
Laban schaut finster drein. Wenn er Jakob auf der Weide trifft, redet er nur das nötigste mit ihm. Und wenn Jakob für ein paar Tage zu Hause ist, besucht er ihn nicht mehr.
Da faßt Jakob einen Plan. Heimlich läßt er Lea und Rahel zu sich auf die Weide kommen.
»Euer Vater ist böse auf mich«, sagt er zu ihnen. »Ich glaube, er denkt darüber nach, wie er mir alle meine Herden wieder wegnehmen kann.«
»Auch zu uns ist der Vater nicht mehr wie früher«, sagt Rahel. »Er behandelt uns wie Fremde.«
»Vielleicht müssen wir einfach ein paar Monate abwarten«, wendet Lea ein. »Dann hat er sich damit abgefunden und ist wieder wie früher.«
»Ich will nicht mehr warten«, sagt Jakob. »Ich habe nämlich einen Traum gehabt. Im Traum hat eine Stimme zu mir gesagt: Ich bin der Gott, der dir in Bethel erschienen ist. Geh jetzt wieder nach Hause, Jakob!«
»Das können wir nicht!« sagt Lea. »Vater läßt uns bestimmt nicht aus Haran wegziehen. Besonders jetzt nicht, wo er so zornig ist.«
»Dieser Meinung bin ich auch«, erwidert Jakob. »Und darum müssen wir Haran heimlich verlassen. Ich sammle hier draußen meine Herden. In ein paar Tagen wandere ich mit den Tieren dem Eufratfluß zu. Ganz langsam. Es muß aussehen, als ob ich neue Weideplätze suchte. Und ihr packt inzwischen zu Hause alles, was uns gehört, in Bündel. Aber seid vorsichtig! Niemand darf etwas merken! Die Zeit ist jetzt ja günstig. Alle Männer sind draußen auf den Weiden mit der Schafschur beschäftigt.«
Lea und Rahel nicken. »Wir packen alles!« sagen sie.
»Aber nur, was uns gehört!« wiederholt Jakob.

Lea und Rahel reiten auf ihren Maultieren nach Haran zurück. Sie machen alles so, wie Jakob es ihnen gesagt hat.
In der vierten Nacht brechen sie heimlich auf. Sie laden Zelte, Geschirr, Truhen mit Kleidern, Schmuck und Lebensmittel auf die Esel. Die Knechte und Mägde helfen ihnen. Die Kinder dürfen auf den Kamelen reiten. Schon setzen sich die ersten Tiere in Bewegung. Da kommt Rahel etwas in den Sinn. Sie schleicht zum Haus ihres Vaters. Vorsichtig stößt sie die Tür auf. Im Innern ist es stockdunkel. Rahel lauscht. Sie hört nichts. »Es werden wohl alle bei der Schafschur sein«, denkt Rahel. Trotzdem macht sie kein Licht. Vorsichtig tastet sie sich im Dunkeln vorwärts. Jetzt berühren ihre Finger die Wand. Sie kommt zur Vertiefung in der Wand. Ihre Hände tasten nach der Holzfigur, die in der Nische steht. Es ist der Hausgott. Rahel will die Figur mitnehmen. Sie will etwas bei sich haben von zu Hause, wenn sie in die Fremde geht. Etwas, das ihr seit ihrer Kindheit vertraut ist.
Behutsam nimmt Rahel den Hausgott an sich und verbirgt ihn unter dem Mantel. Leise schleicht sie aus dem Haus.
»Wo treibst du dich noch herum?« zischt Lea.
Rahel murmelt etwas Unverständliches. Sie steigt auf ihr Kamel. Die Holzfigur versteckt sie in den Tüchern, die auf dem Kamelsattel liegen.
Jetzt reiten sie in die dunkle Nacht hinaus. Am Himmel funkeln Tausende von Sternen. Über die Ebene weht ein warmer Wind. In den Bäumen rauschen die Blätter.
Am andern Tag stoßen sie zu Jakob. Jakob und seine Hirten treiben die Herden vor sich her. Über Mittag, wenn es heiß ist, schlafen sie ein paar Stunden. Aber bald treibt Jakob wieder zum Aufbruch. »Wir müssen uns beeilen«, sagt er. »Sobald Laban erfährt, daß wir geflohen sind, holt er uns nach Haran zurück!«
Nach zwei Wochen erreichen sie den Eufratfluß. Jakob kennt die Stelle, wo das Wasser nicht tief ist und man hinüberwaten kann. Die kleinen Kinder sitzen auf den Eseln, die größeren spritzen einander an.
Am andern Ufer machen sie halt. Sie stellen die Zelte auf. Als die Sonne untergeht, steigt Jakob mit Lea und Ruben auf einen Hügel und schaut zurück. Auf der andern Seite des Flusses treiben Hirten ihre Tiere heimzu.
»Meinst du, daß uns der Großvater zurückholt?« fragt Ruben.
»Wenn er das gewollt hätte«, antwortet Jakob, »dann hätte er uns längst eingeholt. Er ist mit seinen Kamelen viel schneller als wir mit den Herden. Ich glaube, daß er uns ziehen läßt.«
Lea schüttelt den Kopf. »Da bin ich nicht so sicher«, sagt sie. »Vater hat nur noch keine Zeit gehabt. Sobald er und meine Brüder mit der Schaf-

schur zu Ende sind und die Wolle verkauft haben, kommen sie uns nach.«
Hinter den Bergen in der Ferne geht die Sonne unter. Die drei gehen zu den Zelten zurück.
Viele Tage ist Jakob mit seiner Familie schon unterwegs. Die Reise geht langsam. Die Schafe und Ziegen bleiben immer wieder stehen und knabbern an den Grasbüscheln. Aber eines Tages erreichen sie das Land Kanaan.
»Jetzt verfolgt uns der Laban bestimmt nicht mehr«, sagt Jakob.
Aber da kommt gegen Abend ein Knecht vom Ende des Zuges zu Jakob gerannt.
»Ich habe in der Ferne Reiter auf Kamelen gesehen«, ruft er. »Sie kommen schnell näher.«
Jakob erschrickt. Sind es Reisende? Sind es Räuber? Oder ist es Laban mit seinen Leuten?
Jakob schaut sich um. Er sucht im Gelände eine Stelle, die ihm Schutz bietet.
»Alle hinauf auf jenen Hügel!« befiehlt er. »Schlagt die Zelte auf! Haltet die Waffen bereit!«
Mühsam erklimmen sie die Anhöhe. Sie treiben die Tiere zusammen. Mit klopfendem Herzen schauen sie auf die Straße hinunter.
Jetzt kommen die Kamelreiter um die Wegbiegung. Auf dem vordersten Tier sitzt Laban. Neben ihm und hinter ihm reiten seine Söhne und seine Knechte. Alle sind bewaffnet. Schon hat Laban Jakob und seine Leute erspäht. Er gibt seinen Männern ein Zeichen, unten am Hügel zu warten. Er steigt vom Kamel und kommt zu Jakob hinauf. Finster schaut er ihn an.
»Was fällt dir eigentlich ein!« sagt er zornig. »Wie ein Dieb hast du dich aus Haran davongemacht. Meine Töchter hast du wie Gefangene weggeführt. Warum hast du mir nichts gesagt? Ich hätte von dir Abschied genommen, wie es sich unter Verwandten gehört! Mit Musik. Und mit Gesang. Aber du hast mich nicht einmal meine Töchter und meine Enkelkinder zum Abschied umarmen lassen. Behandelt man so seinen Onkel und Schwiegervater?«
Jakob geht ein paar Schritte auf Laban zu. »Ich habe Angst vor dir gehabt«, sagt er. »Du hättest mich ja doch nicht fortgehen lassen oder mir Lea und Rahel und meine Kinder weggenommen.«
»Gestohlen hast du auch noch!« ruft Laban. »Meinen Hausgott hast du mir weggenommen!«
»Ich habe nichts gestohlen!« antwortet Jakob.

»Wenn du es nicht gewesen bist, dann ist es jemand anderer aus deiner Familie oder von deinen Knechten oder Mägden gewesen«, ruft Laban.
»Niemand von uns hat deinen Gott gestohlen«, antwortet Jakob. »Ich habe befohlen, daß nur das mitgenommen wird, was mir gehört. Du kannst alles durchsuchen: alle Zelte, alle Truhen, alle Bündel. Von oben bis unten. Und wenn du deinen Hausgott bei einem von uns findest, dann soll der, der ihn hat, sterben.«
Laban schiebt die Leute Jakobs beiseite und geht in Jakobs Zelt. Er schnürt alle Bündel auf und sucht unter allen Decken. Aber er findet die Holzfigur nicht. Dann geht er in das Zelt der Mägde, dann in das Zelt der Knechte. In allen Winkeln stöbert er herum, aber er findet nichts.
Jetzt kommt Leas Zelt an die Reihe.
Wieder nichts.
Zuletzt geht Laban in Rahels Zelt. Rahel liegt auf einer Decke.
»Entschuldige mich, Vater, daß ich nicht aufstehen und dich begrüßen kann«, sagt Rahel. »Aber ich fühle mich nicht wohl.«
Laban brummt etwas vor sich hin. Er wühlt in den Truhen. Er schüttelt die Festtagskleider. Er hebt die Polster auf und mustert den Boden, ob jemand ein Loch als Versteck gegraben hat. Aber er findet nichts.
Endlich verläßt er Rahels Zelt.
»Hast du jetzt deinen Gott gefunden?« will Jakob wissen.
Laban schüttelt den Kopf. Jetzt wird Jakob zornig.
»Zwanzig Jahre habe ich dir gedient, Laban!« sagt er. »Wenn ein Schaf oder eine Ziege von einem wilden Tier gerissen worden ist, dann habe ich es dir ersetzt. Bei jedem Wetter habe ich für dich gerackert: bei Regen, bei Hitze, bei Frost. Vierzehn Jahre habe ich um deine Töchter gearbeitet. Und obwohl du einer der reichsten Männer von Haran bist, hast du mir nicht einmal meine paar Schafe und Ziegen gegönnt.«
»Das heißt noch lange nicht, daß du machen kannst, was du willst«, antwortete Laban. »Ich bin das Oberhaupt der Familie. Ich bin der Älteste. Ich bestimme, was mit meinen Töchtern, mit meinen Enkelkindern und mit meinen Herden geschieht. Ich könnte dich bestrafen, weil du weggelaufen bist. Aber unterwegs hat eine Stimme in mir gesagt, daß ich dich ziehen lassen soll. Darum wollen wir jetzt miteinander Frieden schließen. Und zum Zeichen des Friedens zwischen dir und mir wollen wir hier ein Denkmal aufstellen.«
Jakob fällt ein Stein vom Herzen. Am liebsten würde er jauchzen und tanzen. Aber da wendet sich Laban schon an die Umstehenden: »Lest Steine zusammen!« befiehlt er. »Macht einen Haufen aus den Steinen! Und dann wollen wir Gott ein Schaf opfern!«

Rahel liegt im Zelt auf ihren Decken. Sie hört alles, was Laban und Jakob sagen. Sie lacht vor sich hin. Sie greift mit den Händen unter die Decke und holt den Hausgott hervor.
»Du bist das einzige, was ich von zu Hause habe«, sagt sie. »Ich bin so froh, daß mein Vater dich nicht gefunden hat.«
Am andern Morgen nimmt Laban von Jakob Abschied. Er küßt seine Töchter und seine Enkelkinder. Dann steigen er und seine Begleiter auf die Kamele und reiten nach Haran zurück.
Noch lange winken Jakob, seine Frauen und die Kinder.
»Gott sei Dank«, sagt Jakob, »daß wir in Frieden haben auseinandergehen dürfen.«

Die Versöhnung 1. Mose 32-33

Vorbemerkungen

Die Vorbereitung Jakobs für die Begegnung mit Esau wird verschieden erzählt. In der ersten — vom *Jahwisten* überlieferten — Erzählung zeigt sich Jakob als vorsichtiges Familienoberhaupt. Er teilt Leute und Habe in zwei Lager, um, sollte es zu einem Kampf mit Esau kommen, nicht alles zu verlieren. Im *Gebet* bittet er Gott um Beistand. Hier spricht Jakob aus, was der theologische Grundgedanke aller Vätergeschichten ist: Des Menschen Geschick liegt in Gottes Hand. Er allein kann letztlich die Dinge zum Guten wenden. Anders erzählt der *Elohist* (Verse 13b-22) die Vorbereitung: Jakob setzt alles daran, seinen Bruder umzustimmen. Schlau, wie er ist, schickt er ihm die Geschenke aber nicht auf einmal, sondern gestaffelt. Wenn Esau am Schluß umringt ist von all den Tieren, die ihm sein Bruder geschickt hat, so kann er nicht anders, als Frieden zu schließen. Vardiman vermutet in seinem Buch »Nomaden«, daß die Anzahl der Tiere den Tribut Israels an Edom im 9./8. Jahrhundert wiedergebe, da die Stückzahlen weit über den Umfang der Herde eines Wanderhirten hinausgehen. Diese These leuchtet ein, weil ja Esau die Edomiter personifiziert.
Die Geschichte von der Begegnung Jakobs mit Esau wird durch die Erzählung von Jakobs Kampf bei *Penuel* unterbrochen. In der Nacht brachten Jakob und seine Leute die Herden über den Jordanfluß, dessen Quel-

lengebiet in der Nähe von Rabbat Ammon (heute: Amman) liegt. Der Fluß windet sich in einem immer tiefer werdenden Bett dem Jordan zu, und es war gewiß keine leichte Arbeit, die Tiere durch die tiefe Schlucht auf die andere Seite des Flusses zu führen. Nachdem dies geschehen und Jakob noch allein zurückgeblieben war, hatte er ein schreckliches Erlebnis. Eine männliche Gestalt stellte sich ihm in den Weg, und es kam zu einem Kampf, der bis zum Morgen dauerte. Die Geschichte, die im Laufe der Zeit immer wieder neu gestaltet wurde, wirft viele Fragen auf: Ist es wirklich Gott gewesen, der mit Jakob gekämpft hat? Warum ist es überhaupt zu einem Kampf gekommen? Wie kann ein Mensch Gott bezwingen? Ich bin der Meinung, daß es für das Erlebnis eines mit Gott ringenden Menschen keine einheitliche Deutung gibt. Wahrscheinlich liegt das vor, was C. G. Jung einen »Archetypus« nennt, und es ist am besten, wenn wir die Erzählung als einen solchen ohne Deutungen wirken lassen. Daß man mit Gott jedoch ringen kann, macht auch Jesus im Gleichnis vom bittenden Freund (Lukas 11, 5 ff.) deutlich, und auch Abraham hat mit Gott gerungen, als es um die Zerstörung von Sodom ging. Am Schluß der Erzählung wird darauf verwiesen, daß Jakob vom Kampf einen Hüftschaden davontrug und daß die Israeliten dessen später in einem kultischen Brauch gedachten. Ich gehe darauf in der Erzählung nicht ein.
Als Jakob dann Esau begegnete, warf er sich *siebenmal* vor ihm auf die Erde. Das ist ein Zeichen äußerster Ehrerbietung.
Seir — wohl nicht der judäische, sondern der edomitische Ort dieses Namens — ist ein Gebirge, das östlich und westlich der Araba lag.
Sukkot (»Hütten«) lag am Jabbok. Von dort ging Jakob über den Jordan nach Sichem, wo er Grundbesitz erwarb. Isaaks Tod wird erst 35,29 erwähnt (Priesterschrift), wobei noch vermerkt wird, daß Jakob und Esau ihn begruben. Ich trage dem in der Erzählung nicht Rechnung.

Erzählung

Laban ist nach Haran zurückgekehrt. Jakob rastet noch ein paar Tage auf dem Hügel. Für die Schafe und Ziegen gibt es genug Gras. Die Menschen sind froh, daß sie ein wenig ausruhen können.
Aber Jakob bleibt nicht bei den Zelten. Er ist unruhig. Er hat Angst. Jeden Tag kundschaftet er die Gegend aus. Er sucht Menschen, die ihm etwas über Esau sagen können. Eines Tages begegnet er einem Jäger, der auf den Schultern eine tote Wildgeiß trägt.
»Hallo!« ruft ihn Jakob an. Der Jäger bleibt stehen.

»Kennst du einen Mann namens Esau?« fragt ihn Jakob. »Er ist der Sohn des Isaak und der Rebekka.«
Der Jäger lacht. »Natürlich kenne ich den Esau«, sagt er. »Er ist der beste Jäger weit und breit. Er ist reich. Er hat eine große Familie und viele Knechte. Er fertigt die besten Pfeilbogen an, die es hier gibt. Seine Söhne sind ebenfalls gute Jäger.«
»Wohnt er immer noch bei seinem Vater?« will Jakob wissen.
»Du mußt von weit her kommen, daß du das nicht weißt«, sagt der Jäger. »Früher hat der Esau bei seinen Eltern gewohnt. Er hat auch einen Bruder gehabt. Jakob soll er geheißen haben. Aber er hat den Esau betrogen und ist dann von zu Hause fortgegangen. Seither hat man nie mehr etwas von ihm gehört. Ein paar Jahre später ist die Mutter gestorben, und dann der Vater. Der Esau hat keine Freude am Schafzüchten gehabt. Er ist mit seinen Frauen und Kindern auf diese Seite des Jordans gezogen. Hier gibt es viel Wild in den Bergen.«
Der Jäger zeigt in die Ferne.
»Siehst du dort die Schlucht? Das ist das Jabboktal. Dort, auf der andern Seite, lebt Esau.«
Der Jäger geht weiter. Jakob geht zu seinen Zelten zurück. Er ruft zwei seiner Knechte.
»Geht zu meinem Bruder Esau!« befiehlt er ihnen. »Er ist ein mächtiger Mann. Er wohnt auf der andern Seite des Jabbokflusses. Wenn ihr ihn gefunden habt, dann sagt zu ihm: Dein Bruder Jakob... nein! Sagt besser: Dein Knecht Jakob hat uns zu dir geschickt. Jakob ist viele Jahre bei Laban gewesen. Jetzt aber kommt er zurück. Er hat viele Rinder, Esel, Schafe, Knechte und Mägde. Er läßt dich grüßen und hofft, daß du ihm vergibst.«
Die beiden Knechte müssen die Botschaft wiederholen, bis sie sie auswendig können. Dann machen sie sich auf den Weg.
Jeden Morgen, jeden Mittag und jeden Abend schaut Jakob vom Hügel herunter, ob die Männer zurückkommen. Nach einer Woche befiehlt Jakob: »Wir gehen ihnen entgegen. Brecht die Zelte ab. Heute abend, wenn es nicht mehr so heiß ist, machen wir uns auf den Weg.«
Ein paar Stunden später brechen sie auf. Jakob, seine größeren Söhne und die Hirten treiben die Herden in die Schlucht hinunter. Der steile Weg macht den Schafen und Ziegen keine Mühe. Aber die Menschen müssen aufpassen, daß sie nicht ausrutschten. Als es Nacht wird, geht der Mond auf. Der Fluß führt nicht viel Wasser, und der Aufstieg auf der andern Seite geht schnell vor sich. Jetzt können sich die Menschen und die Tiere ausruhen. Sie legen sich auf den Boden, und schon sind sie eingeschlafen.

Als Jakob erwacht, ist es noch dunkel. Er weiß nicht, wie lange er geschlafen hat. Der Mond ist untergegangen, und auch die Sterne sieht Jakob nicht mehr. Aus der Schlucht steigt Nebel herauf und hüllt die Tiere und die Menschen ein. Ganz still ist es.
Da sieht Jakob im Nebel einen Schatten. Ist es ein Mensch? Ist es ein Tier?
»Wer ist da?« ruft Jakob.
Keine Antwort.
Jakob steht auf. Er geht auf den Schatten zu. Der Schatten wird größer und größer.
Da wird Jakob von einer Hand gepackt. Starke Arme schlingen sich um seinen Hals. Jakob erschrickt. Eine unbeschreibliche Angst kommt über ihn. Er versucht, sich von der Gestalt wegzureißen. Er wehrt sich. Jetzt ist er frei. Aber er flieht nicht. Er weiß nicht, warum: aber die unbekannte Gestalt zieht ihn an. Er will mit ihr kämpfen. Die beiden ringen miteinander. Jakobs Gegner ist stark. Aber Jakob ist noch stärker.
»Laß mich los!« sagt die Gestalt. Sie sagt es ruhig, fast sanft.
Jakob atmet schwer. »Das ist kein Mensch«, denkt er. Und laut sagt er: »Ich lasse dich erst los, wenn du mich segnest!«
»Ich gebe dir einen neuen Namen«, sagt die Gestalt. »Du sollst nicht mehr Jakob heißen, sondern Israel, Gottesstreiter!«
Jakob läßt die Gestalt los. Erschöpft sinkt er auf den Boden.
Als der Himmel sich rot färbt, erwacht Jakob. Der Nebel ist verschwunden. Friedlich grasen die Tiere.
Jakob reibt sich die Augen aus. Er weiß nicht, ob das, was er erlebt hat, ein Traum gewesen ist oder nicht. Aber sein ganzer Körper tut ihm weh.
»Was hat mir Gott wohl mit diesem Erlebnis sagen wollen?« denkt er.
Als sie am Nachmittag aufbrechen wollen, kommen die beiden Boten ins Lager zurück.
»Habt ihr Esau gesehen?« ruft ihnen Jakob schon von weitem zu. »Was hat er gesagt? Wie geht es ihm?«
»Ja, wir haben ihn gesehen. Er ist schon unterwegs zu dir. Er hat vierhundert Männer bei sich. Sie sind alle bewaffnet: mit Pfeilbogen, Schleudern, Speeren und Stecken.«
Jakob erschrickt. Er hat Angst. Er ruft seine Frauen, Kinder, Knechte und Mägde zusammen.
»Wahrscheinlich hat mir Esau nicht vergeben«, sagt er. »Vielleicht will er gegen mich kämpfen. Darum müssen wir vorsichtig sein. Ich habe einen Plan. Die Hälfte der Knechte und der Mägde sollen auf dieser Seite hier stehen! Und die andern auf der anderen Seite! Gut so! Und jetzt ma-

chen wir das gleiche mit den Tieren! Eine Hälfte hier, die andere dort!«
Jetzt stehen sich zwei Lager gegenüber.
»Ihr bleibt hier!« befiehlt Jakob den einen. »Und ihr dort kommt mit mir. Wir ziehen Esau entgegen. Lea, Rahel und die Kinder begleiten uns. Wenn Esau die ganze Familie sieht, hat er vielleicht Erbarmen mit mir. Und wenn er trotzdem mit uns kämpfen will, dann lassen wir die Tiere seine Beute sein und fliehen hierher. Dann habe ich zwar die Hälfte von meinem Besitz verloren, aber die andere Hälfte bleibt mir noch.«
Jakob hebt die Hände zum Himmel. Er betet. »Rette mich, mein Gott!« sagt er. »Ich habe Angst. Aber du hast gesagt, mein Gott, daß du mir Gutes tun willst.«
Während des Gebets wird Jakob ruhiger. Mit einem Mal hat er eine Idee, wie er Esau besänftigen kann.

In der Zwischenzeit ist Esau nahe zum Lager gekommen. Mit seinen vierhundert bewaffneten Männern zieht er den Weg hinauf.
Da kommt ihm ein Hirte entgegen. Der Hirte treibt eine ganze Herde Ziegen vor sich her. Er bleibt vor Esau stehen.
»Diese Tiere da«, sagt er, »sind ein Geschenk deines Bruders Jakob!«
Esau schüttelt den Kopf. Aber das Geschenk freut ihn. Er lächelt.
Sie gehen weiter. Da kommt ihnen wieder ein Hirte mit einer Herde entgegen. Diesmal sind es Schafe.
»Ein Geschenk von deinem Bruder Jakob!« sagt der Hirte zu Esau.
Kaum sind sie wieder ein paar Minuten gegangen, da trotten ihnen Kamele mit einem Treiber entgegen.
»Die schenkt dir dein Bruder!« ruft der Treiber Esau zu. Jetzt sind Esau und seine vierhundert Männer umgeben von blökenden Schafen, meckernden Ziegen und Kamelen. Da kommen noch eine Herde Kühe und ein paar Esel die Straße herunter.
»Geschenke deines Bruders Jakob!« sagen die Hirten, und zum Meckern und Mähen kommt noch das Muhen der Kühe und das »I-aaa« der Esel.
Zuletzt kommt Jakob mit seiner Familie. Jakob geht auf Esau zu. Nach vielen Jahren sieht er endlich wieder seinen Zwillingsbruder. Esau hat sich kaum verändert. Noch immer ist seine Haut wie aus Leder. Wild wächst sein roter Bart, und wild blicken seine dunklen Augen.
»Ob er sich jetzt an mir rächt?« denkt Jakob. Tief verneigt er sich vor seinem Bruder und fällt, wie ein Knecht vor seinem Herrn, siebenmal vor ihm auf die Erde.
Da bückt sich Esau. Er streckt Jakob seine Hand entgegen. Er zieht ihn zu sich. Er umarmt ihn.

»Willkommen zu Hause, Jakob«, sagt er. »Laß dich ansehen! Älter bist du geworden. Und prächtige Kinder hast du. Und reich bist du auch. So viele Geschenke! Aber weißt du: Ich brauche sie nicht. Ich bin selber reich. Behalte deine Kamele, deine Schafe und deine Ziegen!«
»Nein«, antwortet Jakob, und sein Herz ist froh, »nein, sie sind für dich!«
»Kommt in mein Zeltdorf!« sagt Esau. »Wir wollen das Wiedersehen feiern!«
Jakob bleibt ein paar Wochen bei Esau. Er erzählt ihm, was er alles erlebt hat. Esau berichtet vom Tod der Eltern und von seinem Beruf als Jäger.
»Du kannst bei mir bleiben, Jakob«, sagt er. »Das ganze Gebirge hier gehört mir. Da kannst du deine Schafe und Ziegen weiden lassen. Es ist gutes Land.«
»Nein«, erwidert Jakob. »Ich will über den Jordan gehen. Dorthin, wo wir früher gewohnt haben. Ich will dort leben wie unser Vater. Und dann muß ich noch an den Ort gehen, wo ich von Gott geträumt habe. Ich habe damals versprochen, dort einen Altar zu bauen.«
Nach ein paar Wochen nehmen die Brüder voneinander Abschied. Esau bleibt zurück. Jakob zieht mit seiner Familie auf die andere Seite des Jordans.
Unterwegs schenkt ihm Rahel noch einen Sohn, Benjamin. Rahel stirbt bei der Geburt. Jakob trauert lange um sie. Josef und Benjamin hat er besonders gern, weil sie beide die Söhne der Rahel sind.

Josef

Der Träumer

1. Mose 37

Vorbemerkungen

Die *Josefsgeschichte* ist in der Bibel sehr anschaulich erzählt, doch gibt es in ihr nur vereinzelte Orts- und Zeitangaben. So wird in 2. Mose 12, 40 gesagt, daß die Israeliten 400 Jahre in Ägypten lebten. Diese Bemerkung weist in die Hyksoszeit. Um 1785 v. Chr. hatte für Ägypten eine Zeit nationaler Zerrissenheit begonnen, von der es nur wenig geschichtliche Nachrichten gibt. Sicher ist, daß damals semitische Stämme, die sogenannten Hyksos, von Osten in das Land einfielen und es zum Teil unterwarfen. Die Hyksos-Könige residierten in Memphis, während die Nachkommen der alten ägyptischen Pharaonen ihre Hauptstadt Theben beibehielten. Es ist möglich, daß die Hyksos zeitweise sogar das ganze Land kontrollierten, doch konnten sie den Einfluß der oberägyptischen Herrschaft nie ganz brechen. 1551 v. Chr. gelang es Pharao Ahmose, die Hyksos zu vertreiben und den Norden des Reiches wieder mit dem Süden zu vereinigen. Es kann sein, daß den Erzählungen vom Aufenthalt der Israeliten in Ägypten die einstige Herrschaft der semitischen Nomaden im Land Gosen zugrundeliegt. Aber selbst, wenn dem so wäre: die Josefsgeschichte, wie sie uns in der Bibel überliefert ist, hat nichts mehr mit diesem oder auch mit andern historischen Ereignissen zu tun. Vergebens sucht man in ihr den Namen des Pharao oder denjenigen der Hauptstadt. Die Josefsgeschichte ist eine Novelle, die dem Leser am Beispiel der Jakobssöhne ein Stück Heilsgeschichte vermitteln will. Und der Hörer der Geschichte, der sich mit Josef und seinen Brüdern identifizieren kann, hat Anteil an der Zusage des Josef: daß Gott auch auf krummen Zeilen gerade schreibt und daß, auch wenn Menschen Böses im Sinn haben, er es gut ausgehen lassen kann.

Wenn ich die Josefsgeschichte nacherzähle und nicht auf anschauliche Einzelheiten verzichten will, dann möchte ich jedoch eine bestimmte Zeit vor Augen haben, damit ich weiß, ob ich dem Pharao die rote Krone Unterägyptens, die weiße Krone Oberägyptens oder die Doppelkrone der vereinten Reiche aufs Haupt setzen soll. Ich entscheide mich für den Beginn der 18. Dynastie um 1550 v. Chr.

Als *Hirten* sind in Vers 2 nur die Söhne der Nebenfrauen (Dan, Naftali, Gad und Ascher) genannt. Dieser Vers gehört zur Quellenschicht des Elohisten. Später, beim Jahwisten, sind auch Ruben und Juda unter den Hirten, und man hat den Eindruck, daß der Erzähler sich die ganze Brüderschar vorstellte.

Das prächtige *Gewand*, das Josef trug, unterschied sich von den sonst üblichen Leibröcken dadurch, daß es länger war, längere und vielleicht auch weitere Ärmel hatte und aus goldenen Fäden gewoben war.
Die *Träume* treten in der Josefsgeschichte immer paarweise auf. Der Erzähler benutzt die Form des Traums, um Gottes Weissagungen bekannt zu machen. Die Brüder deuten die Träume als Wunschträume eines Eitlen. Tiefenpsychologisch haben sie recht. Aber aus theologischer Sicht sind ihnen die Augen für Gottes Wirklichkeit verschlossen.
Gemäß Vers 10 ist *Rahel* noch am Leben. In 35,19 ist jedoch gesagt worden, daß sie bei der Geburt Benjamins gestorben ist.
Von *Hebron*, wo Jakob wohnte, sind es bis *Sichem* etwa 80, von da bis *Dotan*, einem Ort nördlich von Samaria, nochmals ungefähr 15 Kilometer. Josef wird, wenn er zu Fuß war, drei bis vier Tage unterwegs gewesen sein.
Wo Grundwasser führende Gesteinsschichten die Erdoberfläche nicht erreichten, mußten zu den *Quellen Brunnen* gegraben werden. Oft führten Treppen zum Wasser hinunter. Es gab aber auch Schächte, aus denen das Wasser mit einer Schöpfeinrichtung nach oben befördert wurde. Regenwasser wurde in *Zisternen* gespeichert. Das waren birnenförmige Aushöhlungen im Boden. Ursprünglich mußten sie in wasserundurchlässiges Gestein gehauen werden. Nach der Erfindung des Kalkmörtels im 17. Jahrhundert v. Chr. konnten Zisternen auch aus weichem Boden ausgehoben und dann zementiert werden. Über die Zisternen wurden schwere Steine gerollt, damit das Wasser nicht verunreinigt werden konnte. In 1. Mose 24,11 ist an eine Quelle, in 29,2 — trotz des Wortes »Brunnen« — an eine mit Wasser gefüllte, in unserem Kapitel an eine leere Zisterne zu denken.
Nach Vers 25 verkauften die Brüder Josef an *ismaelitische*, nach Vers 28 an *midianitische Kaufleute*. Die beiden Verse gehören verschiedenen Quellenschichten an.
Tragakant, *Mastix* und *Ladanum* sind Harze, die im Altertum zu Balsam, Kosmetika und kultischem Räucherwerk verarbeitet wurden.

Erzählung

Es ist Sommer. Die Hirten treiben die Schafe und Ziegen ins Bergland. »Heute abend sind wir zu Hause«, denkt Josef. Vor Monaten sind seine Brüder und er mit den Herden auf die Weideplätze im Jordantal gegangen. Seither hat Josef den Vater und Benjamin nicht mehr gesehen. Josef hängt an Benjamin. Sie haben die gleiche Mutter gehabt, Rahel. Aber Rahel ist gestorben, als Benjamin auf die Welt gekommen ist.

Josef sehnt sich auch nach dem Vater. Er weiß, warum der Vater ihn und Benjamin lieber hat als die andern Brüder. Rahel ist seine Lieblingsfrau gewesen.
Die andern Brüder wissen das. Darum sind sie neidisch auf Josef. Sie reden nur das Nötigste mit ihm. Sie haben auch Geheimnisse vor ihm. Gerade jetzt planen sie wohl wieder etwas, von dem er nichts wissen soll. Statt die Schafe und die Ziegen vorwärtszutreiben, treffen sie sich im Schatten eines Felsens. Sie stecken die Köpfe zusammen. Sie schauen sich verstohlen um. Sie reden miteinander.
Josef spitzt die Ohren. Aber er versteht nicht, was die Brüder beraten, weil die Schafe und die Ziegen in einem fort blöken und meckern.
Josef geht auf den Felsen zu. Er tut so, als ob er die Brüder nicht bemerke. Aber die Brüder sind mißtrauisch. Sie kennen Josef. Sie wissen, daß er spioniert. Ihr Gespräch verstummt, Josef sieht, wie Ascher rasch ein Bündel Schaffelle hinter einem Stein versteckt. Die Brüder gehen zu den Schafen und Ziegen zurück. Aber Ascher verschwindet. Erst zwei Stunden später sieht ihn Josef wieder ganz am Ende der Herde.
Gegen Abend taucht hinter einem Hügel das Zeltdorf des Vaters auf. Jetzt kann Josef nicht mehr warten. Er treibt die Tiere auseinander. Er rennt auf das größte und schönste Zelt in der Mitte des Dorfes zu. Das Zelt hat früher Großvater Isaak gehört. Jetzt wohnt der Vater drin.
Schon lange hat Jakob nach der Herde Ausschau gehalten. Er steht beim Zelteingang und sieht Josef auf sich zukommen. Er geht ihm entgegen und schließt ihn in die Arme.
»Wie schön, daß du wieder daheim bist, Josef«, sagt der Vater. »Wie dein Bart gewachsen ist in den letzten Monaten! Jetzt bist du wirklich ein Mann geworden. Komm zu mir ins Zelt! Erzähl mir, wie es gegangen ist.«
Josef setzt sich auf die Polster. Ein Diener bringt Wasser und wäscht Josef die Füße.
»Ist das schön«, sagt Josef. »Nach der Hitze und dem Staub das kühle Wasser!«
Jetzt bringt der Diener noch Brot und einen Krug Trinkwasser.
Josef erzählt: »Ich habe genau aufgepaßt, was die Brüder gemacht haben. Vor einem Monat haben dem Gad zwei Schafe in der Herde gefehlt. Aber meinst du, er sei sie suchen gegangen? Mein Vater hat Hunderte von Schafen, hat er gesagt, da lauf ich mir wegen zwei Ausreißern nicht die Beine in den Bauch! Und auf dem Heimweg ist der Ascher auf einmal mit einem Bündel Schaffellen verschwunden. Ich weiß nicht, was er gemacht

hat. Aber ich glaube, daß er sie irgendwo verkauft hat und das Geld mit den andern teilen will.«
»Ich rede nachher mit ihnen«, sagt Jakob. »Aber zuerst habe ich eine kleine Überraschung für dich, weil du immer so gut aufpaßt.«
Jakob schlägt die Zeltwand zurück. »Schau dort, Josef«, sagt er und deutet auf den Boden, »das ist für dich!«
Auf dem Boden liegt ein Kleid. Es ist ein Leibrock. Er sieht aus wie ein Hemd. Es ist die Alltagskleidung der Männer und Frauen. Aber das Kleid, das Josef bekommt, ist etwas Besonderes. Es ist aus ganz feiner Wolle gewoben. Der Stoff ist hellblau gefärbt und sieht so frisch aus wie der Himmel am Morgen, wenn die Sonne aufgeht. Josef klatscht vor Begeisterung in die Hände. Er schlüpft in das Kleid. Der Saum berührt den Boden, und die Ärmel sind lang. Von oben bis unten sind feine Goldfäden in den Stoff eingewoben.
Josef fällt dem Vater um den Hals.
»Solche Kleider tragen Prinzen!« sagt er.
»Du bist mein Prinz«, antwortet Jakob.
»Ich zeige das Kleid dem Benjamin!« ruft Josef.
Benjamin freut sich, daß Josef wieder zu Hause ist. Benjamin ist fünf Jahre alt. Josef erzählt ihm alles, was er unterwegs erlebt hat. Dann zeigt er ihm, wie man einen Knoten macht, um störrische Schafe beim Scheren zu fesseln.
Am anderen Tag läßt Jakob — wie immer, wenn seine Söhne heimkommen — ein Festmahl zubereiten. Unter einem großen Baum breiten die Mägde Decken aus. Jakob und seine Söhne hocken sich auf den Boden. Alle sind fröhlich.
Da kommt Josef aus seinem Zelt. Er hat sein neues Kleid angezogen. Die Goldfäden glitzern in der Sonne. Er sieht wahrhaftig so vornehm aus wie ein Königssohn. Die Brüder sagen kein Wort. Aber sie schauen Josef voller Neid und Haß an.
Josef setzt sich neben den Vater.
»Ich habe gestern nacht einen seltsamen Traum gehabt«, sagt er. »Wir sind alle miteinander auf einem Feld gewesen und haben mit den Sicheln Getreide geschnitten. Dann hat jeder von uns seine Ähren zu einer Garbe zusammengebunden. Auf einmal haben sich eure Garben bewegt. Sie haben sich im Kreis um meine Garbe aufgestellt und sich tief vor ihr verneigt.«
»Unsere Garben vor deiner Garbe verneigt?« fragt Ascher.
»Ja: eure Garben haben sich vor meiner verneigt!«
»Dem Josef ist das Kleid in den Kopf gestiegen«, sagt Simeon. »Jetzt

meint er, er sei unser Herr und wir würden uns vor ihm in den Staub werfen.«
»Er ist größenwahnsinnig!« ruft Gad.
»Man sollte ihm gleich eine Tracht Prügel verabreichen!« meint Naftali.
»Hört auf zu streiten!« befiehlt der Vater. »Sonst wird das Essen kalt.«
Zwei Tage später erzählt Josef: »Ich habe letzte Nacht wieder geträumt! Ich habe die Sonne, den Mond und elf Sterne gesehen. Und alle haben sich tief vor mir verbeugt.«
»Jetzt reicht's mir aber«, ruft Dan und springt auf. »Wenn du meinst, du könntest als Zweitjüngster über deine Brüder regieren, dann mache ich mit meiner Faust, daß du nicht elf, sondern hundert Sterne siehst.«
»Setz dich, Dan!« befiehlt Jakob. Er wendet sich an Josef.
»Dan hat recht«, sagt er. »Das ist Unsinn, was du da zusammenträumst. Du bildest dir wohl ein, daß dein Vater und deine verstorbene Mutter und alle deine Brüder sich vor dir in den Staub werfen sollten? Da bist du aber auf dem Holzweg!«
»Aber ich hab's doch so geträumt!« erwidert Josef.
»Schluß mit der Träumerei!« sagt der Vater. »Die Wiesen hier sind fast abgegrast. Ihr geht morgen mit den Tieren noch auf die Weiden, die weiter oben auf dem Gebirge liegen. Und Josef bleibt hier. In zwei Monaten kommt die Regenzeit. Da müssen wir noch Zelte ausbessern. Josef kann mir dabei helfen.«
Am andern Tag brechen die Brüder mit den Tieren auf. Josef hilft dem Vater beim Ausbessern der Zelte.
Zwei Wochen später sagt Jakob zum Josef: »Geh zu deinen Brüdern auf die Weiden bei der Ortschaft Sichem. Schau dir die Herden genau an und prüfe, ob alles in Ordnung ist. Und dann kommst du wieder heim und bringst mir Bescheid.«
Josef zieht sein neues Kleid an. Er nimmt auch Brot und Käse mit. Drei Tage ist er unterwegs. Dann kommt er nach Sichem. Aber die Weideplätze um die Ortschaft sind schon abgegrast. Die Brüder sind nicht da. Josef fragt einen Bauern, der an einem Brunnen Wasser schöpft, nach seinen Brüdern. Er beschreibt sie.
»Ja, die sind hier gewesen«, sagt der Mann. »Aber sie sind in der Zwischenzeit nach Dotan gegangen.«
»Dotan?«
»Das ist ein kleiner Ort, etwa vier Stunden von hier. Du mußt nur der Straße gegen Sonnenuntergang folgen, dann kannst du den Ort nicht verfehlen.«
Josef macht sich auf den Weg. Noch bevor die Sonne untergeht, kommt

er auf die Weide. Die Brüder sehen ihn schon von weitem. Die Goldfäden seines Kleides glitzern.
»Da kommt der Träumer«, sagt Ascher. »Was will der wohl von uns?«
Simeon lacht. »Spionieren will er, was denn sonst. Damit er dann dem Vater unsere Untaten berichten kann und wieder ein himmelblaues Prinzenröcklein bekommt.«
»Ich kann den Kerl nicht riechen«, sagt Gad.
»Erteilen wir ihm doch eine Lektion!« schlägt Naftali vor. »Wir prügeln ihn einmal richtig durch, und wenn er schreit, hört es außer uns kein Mensch.«
»Dann erzählt er es dem Vater«, sagt Juda.
»Ich bearbeite ihn schon so, daß er dem Vater nichts mehr erzählen kann«, sagt Dan grimmig. »Und nachher werfen wir ihn in die nächste Zisterne. Zu Hause sagen wir einfach: ein wildes Tier hat ihn gefressen.«
»Nein«, sagt Ruben. »Wir wollen kein Blut vergießen. Aber in die Zisterne werfen können wir ihn. Es ist ja jetzt vor der Regenzeit kein Wasser mehr drin.«
»Wenn er eine Zeitlang drin gewesen ist«, denkt Ruben für sich, »und sich ein wenig gefürchtet hat, hole ich ihn wieder heraus.«
Nicht alle Brüder sind einverstanden. Sie wollen Josef härter bestrafen. Aber Ruben ist der Älteste.
Jetzt ist Josef bei den Brüdern. Sie springen auf. Sie packen ihn. Sie reißen ihm den Reisebeutel aus der Hand. Sie zerren ihm das Kleid vom Körper und werfen ihn in eine Zisterne. Das Loch ist nicht tief. Josef verletzt sich nicht. Aber es ist feucht und kalt hier unten. Über sich sieht Josef durch das Loch ein kleines Stück des Himmels. Josef versucht, aus der Zisterne herauszuklettern. Aber die Wände sind rund und glitschig. Die Brunnenmacher haben sie zementiert, damit das Regenwasser, das in der Zisterne gesammelt wird, nicht versickert.
Jetzt wird das Stück Himmel über Josef dunkel. Es wird Nacht. Josef zittert. Er hat Angst und friert. Jetzt leuchten die ersten Sterne auf. Josef weint. Er ruft nach seinem Vater. Hohl tönt sein Jammern. Josef betet. Endlich schläft er erschöpft ein.
Am andern Morgen wird ein Seil in die Zisterne hinuntergelassen. Oben am Loch sieht Josef die Gesichter seiner Brüder.
»Halt dich am Seil!« ruft Juda. »Wir ziehen dich herauf!«
Josef knüpft eine Schlinge und setzt sich hinein. Die Brüder ziehen ihn heraus. Als Josef zum Loch heraussteigt, muß er die Augen schließen, weil ihn die Sonne blendet. Josef ist schmutzig und hungrig. Seine Haare sind verklebt.

Da sieht er, daß um den Brunnen herum fremde Männer stehen. Es sind Kaufleute mit ihren Dienern. Auf Eseln, Maultieren und Kamelen haben sie große Ballen mit Waren gepackt. Einer der Männer hat besonders schöne Kleider an. Er ist der Oberste der Kaufleute.
»Das ist er«, sagt Juda zu dem Kaufmann und zeigt auf Josef.
Der Kaufmann mustert Josef.
»Zeig deine Muskeln!« befiehlt er. Er drückt an Josefs Armen herum.
»Gerade stark ist er nicht«, sagt er.
»Aber gute Augen hat er«, sagt Juda. »Er sieht alles. Der kann als Sklave einem Herrn viel nützen.«
»Gut«, sagt der Kaufmann. »Ich nehme ihn für zwanzig Silberstücke.«
Josef weint. »Ich will zurück zum Vater!« ruft er.
Aber der Kaufmann nimmt ihn am Arm. »Du gehörst jetzt mir«, sagt er. »Wenn du dich vernünftig benimmst, geht es dir gut. Aber wenn du schreist oder davonlaufen willst, dann laß ich dich prügeln, daß du dein Leben lang daran denken wirst.«
Er zählt Juda zwanzig Silberstücke in die Hand.
Jetzt setzt sich die Karawane in Bewegung. Traurig wandert Josef hinter den Lasttieren her.
»Wohin gehen wir?« fragt er den Kaufmann.
»Wir haben kostbare Harze für Ägypten«, sagt der Kaufmann. »Die Ägypter machen aus den Harzen Salben gegen Krankheiten und Schönheitsmittel für die Frauen. Auch die Priester kaufen Baumharz und verbrennen es in den Tempeln als Opfer für die Götter.«
Ruben ist bei der Herde gewesen, als die Brüder Josef verkauft haben. Jetzt kommt er zurück und schaut in die Zisterne.
»Wo ist Josef?« fragt er seine Brüder.
»Wir sind den Schnüffler los«, antwortet Dan. »Wir haben ihn als Sklaven verkauft.«
Ruben erschrickt. Aber er kann nichts mehr tun.
»Was sollen wir dem Vater sagen?« fragt er.
Juda hat eine Idee. Er schlachtet einen Ziegenbock. Er taucht das blaue Kleid mit den Goldfäden in das Blut des Tieres. Dann schickt er einen Unterhirten mit dem Kleid nach Hause.
Der Hirte kommt zu Jakob. Er streckt ihm das Kleid entgegen. »Deine Söhne haben mir folgende Botschaft aufgetragen«, sagt er. »Wir haben dieses Kleid da gefunden. Ist es vielleicht das Kleid von Josef?«
Jakobs Gesicht wird schneeweiß. Seine Hände zittern. Er glättet das Kleid mit der Hand.
»Es ist Josefs Kleid«, sagt er. »Ein Raubtier hat ihn getötet!«

Jakob weint. Er trauert um Josef. Er ißt nicht mehr. Stundenlang sitzt er in seinem Zelt und starrt vor sich hin.
Die Brüder und ihre Frauen versuchen, ihn zu trösten. »Du kannst doch nicht ewig um Josef trauern!« sagen sie.
»Ich traure so lange um ihn, bis ich selber sterbe«, sagt Jakob.

Der Sklave

1. Mose 37, 36; 39, 1

Vorbemerkungen

Josef tritt dem Schüler am Anfang der Geschichte nicht gerade als eine sympathische Gestalt entgegen. Es fällt dem Jugendlichen schwer, sich mit dem arroganten Träumer und Angeber zu identifizieren. Erst im Laufe der Erzählung gewinnt er das Bild eines hilfsbereiten, klugen und bescheidenen Josef, der seine Treue auch durch Ungerechtigkeit und Demütigungen hindurch unter Beweis stellt. Ich helfe dieser Anschauung nach, indem ich die Reise der Karawane nach Ägypten so erzähle, daß Josefs positive Eigenschaften schon jetzt zum Vorschein kommen.
Gaza wird hier im biblischen Text nicht erwähnt. Funde bezeugen jedoch eine Siedlungsgeschichte, die bis in die Spät-Bronzezeit zurückreichen. Der Ort war eine wichtige Station für den Karawanenhandel mit Ägypten. Er wurde um 1468 v. Chr. durch Thutmosis III. befestigt.
Potifars (Potifara: »den, der Gott Re geschenkt hat«) Stellung am Hof des Pharao wird im Alten Testament mit dem gleichen Wort bezeichnet, das auch für Eunuchen, aber auch allgemein für Hofbeamte gebraucht wurde. Für Potifar trifft das letztere zu. Er war Kommandant der Leibwache des Pharao.
Die hohen ägyptischen Beamten lebten häufig in großem Luxus. Sie wohnten in *Häusern* aus luftgetrockneten Ziegeln, die weiß getüncht waren. Um das Haus erstreckte sich normalerweise ein Park mit Fischteichen. Besucher des Hausherrn wurden in die große Empfangshalle geführt. Um sie herum lagen die kleineren Aufenthaltsräume, die Gästezimmer und die privaten Gemächer der Familie.

Erzählung

Die Karawane steigt von den Bergen ins flache Land hinunter. Bewaffnete Diener führen sie an. Dann kommen die Tiere und ihre Treiber. Die Kamele und Esel sind schwer beladen. Mitten im Zug reiten die Kaufleute auf Maultieren. Hinter ihnen trotten weitere Lasttiere, und am Ende der langen Kolonne marschieren wiederum bewaffnete Männer.
Josef geht neben dem Reittier des Obersten der Kaufleute. Immer wieder schaut er zurück zu den Bergen. Dort oben hat der Vater die Zelte aufgeschlagen. Dort oben lebt sein Bruder Benjamin. »Ich werde ihn nie mehr sehen«, denkt Josef. Seine Augen werden naß. Tränen tropfen auf den Boden.
»Du mußt nicht traurig sein, Josef«, sagt der Kaufmann. »Viele junge Menschen müssen von zu Hause fort.«
»Aber nicht als Sklaven«, sagt Josef.
»Auch ein Sklave kann es zu etwas bringen«, antwortet der Kaufmann. »Vielleicht nicht in deiner Heimat, wo nur Hirten und Bauern wohnen. Aber in den großen Städten in Ägypten, bei den hohen Beamten des Pharao, da kann ein Sklave ein geachteter und sogar ein reicher Mann werden.«
Josef lacht bitter.
»Ich bestimmt nicht«, sagt er. »Meine Brüder haben mich gehaßt. Sie haben mich in die Zisterne geworfen. Aber ich wollte, daß sie mich getötet hätten. Dann müßte ich jetzt nicht mehr an den Vater und an Benjamin denken. Gott hat mich verlassen!«
»Du bist noch jung, Josef«, sagt der Kaufmann. »Wenn dir Gott ein langes Leben schenkt, dann denkst du im Alter vielleicht ganz anders als jetzt.«
Die Karawane durchquert ein Gehölz. Zu beiden Seiten der Straße stehen Eichen- und Pistazienbäume und dichte Sträucher.
Da brechen aus dem Dickicht bewaffnete Männer. Sie schwingen Holzkeulen und Speere. Von vorne und von hinten greifen sie die Karawane gleichzeitig an. Die Tiere erschrecken. Die Treiber halten sie mit ihrer ganzen Kraft zurück. Aber zwei Maulesel können sich losreißen. Sie verschwinden zwischen den Büschen.
Mit einem Male stehen zwei der Räuber vor dem Reittier des Kaufmanns. Einer droht mit einem Messer. »Gib dein Geld heraus!« ruft er.
Der Kaufmann greift nach seinem Stoffgurt. Er löst ihn. Der Gurt ist schwer vom Silber, das in ihn eingewickelt ist. Gierig greifen die Räuber nach dem Gurt.

Da schnellt Josef vor. Er schlägt dem Mann das Messer aus der Hand. Der Räuber schreit auf. Der Kaufmann springt vom Esel. Er schwingt seinen schweren Gurt wie eine Schleuder. Er trifft einen der Räuber am Arm. Da ergreifen sie die Flucht. Sie verschwinden im Dickicht. Auch die Diener vorne und hinten haben sich gewehrt. Die Räuber nehmen Reißaus.
Einer der Kaufleute und zwei Diener haben sich im Kampf verletzt.
»In Gaza, am Meer unten, gibt es eine Herberge«, sagt der Kaufmann. »Dort können wir die Verletzten pflegen. Schade, daß wir zwei Maultiere und mit ihnen wertvolle Waren verloren haben.«
»Ich gehe sie suchen, Herr«, sagt Josef.
Der Kaufmann schüttelt den Kopf. »Das ist zu gefährlich«, sagt er. »Das Gesindel treibt sich bestimmt noch in der Umgebung herum.«
»Ich fürchte mich nicht«, antwortet Josef.
»Ob er das Suchen der Tiere nur als Vorwand nimmt, um wieder nach Hause zu gehen?« überlegt der Kaufmann. »Aber er hat mich vorher beschützt! Ich will ihm eine Gelegenheit geben, mir zu beweisen, daß er treu ist.«
»Du kannst die Esel suchen gehen!« sagt er zu Josef. »Aber sei vorsichtig.«
Die Karawane zieht weiter. Sie kommt ans Meer. In Gaza machen die Kaufleute in der Herberge Halt. Alle ruhen sich aus. Die Verletzten werden gepflegt. Die Wunden, die sie sich zugezogen haben, sind nicht schlimm.
»Morgen ziehen wir weiter!« sagt der Oberste der Kaufleute.
Josef ist nicht zurückgekommen.
»Ich habe mich doch getäuscht in ihm«, denkt der Kaufmann. »Bestimmt ist er nach Hause zurückgekehrt. Jetzt habe ich zu den beiden Mauleseln und den kostbaren Waren auch noch die zwanzig Silberstücke verloren, die ich für ihn bezahlt habe.«
Am andern Tag machen sie sich auf den Weg.
Da hören sie einen Ruf. Weit hinten auf der Straße läuft ihnen eine Gestalt nach. Sie zieht zwei Maulesel hinter sich her. Es ist Josef. Als er zur Karawane stößt, fällt er fast um vor Müdigkeit.
»Ich bin den Spuren der Tiere nachgegangen«, erzählt er. »Aber dann ist es dunkel geworden, und ich konnte nicht mehr suchen. Am andern Tag bin ich in die Berge zurückgegangen, und endlich, am dritten Tag, habe ich die Maulesel auf einer Weide gefunden. Die Warenbündel waren noch unberührt. Dann hat es noch einmal zwei Tage gedauert, bis ich am Meer gewesen bin.«

»Gebt dem Josef Wasser und etwas zu essen!« befiehlt der Kaufmann. »Und bis zum Abend soll er auf einem Maultier reiten, damit er sich ausruhen kann.«

Zwei Wochen später kommt die Karawane in der ägyptischen Königsstadt an. Eine solche Stadt hat Josef noch nie gesehen. Hohe Stadtmauern und Türme schützen sie vor Angriffen. Die Straßen sind viel breiter als in den Städten, die Josef aus seiner Heimat kennt. Überall stehen große, vornehme Häuser in Gärten mit Palmen. Um die Häuser und die Gärten ziehen sich Mauern.
»Das sind die Häuser der Beamten des Königs«, sagt der Kaufmann zu Josef. »Das meiste Land in Ägypten gehört dem Pharao. Die Bauern müssen ihm einen Teil der Ernte abliefern. Zur Kontrolle dieser Abgaben braucht der Pharao viele Beamte. Das sind angesehene Männer, die der Pharao reich beschenkt, wenn sie ihm treu sind. Aber wehe, wenn einer von ihnen seine Pflicht nicht tut und in Ungnade fällt. Der Pharao ist ein strenger Herrscher!«
Jetzt langt die Karawane auf dem Marktplatz der Königsstadt an. Hier bieten Hunderte von Händlern ihre Waren feil. Es riecht nach frischem Gemüse, nach Melonen, Granatäpfeln, Datteln und Feigen. In einem großen Holzzuber schwimmen Fische aus dem Nil. Auf Tüchern haben Gewürzhändler ganze Haufen von Kümmel, Minze, Senfkörnern und Dill aufgeschichtet. An einer Holzstange sind Schafe und Rinder angebunden. Ein Vogelhändler bietet Sperlinge und Wachteln, die in einem Käfig umherflattern, feil.
»Ladet die Warenballen ab!« befiehlt der Kaufmann den Treibern.
Da kommen vier Sklaven über den Markt. An Stangen tragen sie einen Kasten, der auf jeder Seite eine Tür mit einem Fenster hat. Der Kasten ist prächtig angemalt, und drinnen sitzt auf Polstern ein Mann.
Die Sklaven stellen die Sänfte auf den Boden. Ein vornehmer Ägypter steigt aus der Sänfte.
Der Kaufmann verneigt sich tief vor ihm. »Welche Ehre, Potifar«, sagt er. »Und was für ein gutes Geschick, das dich auf den Markt führt, gerade in dem Augenblick, wo wir hier angekommen sind.«
Potifar lächelt. »Es ist kein Geschick«, sagt er. »Ich habe gewußt, daß du kommst. Als Kommandant der Leibwache des Pharao weiß ich über alles Bescheid, was in Ägypten vor sich geht.«
»Hoffentlich haben wir nicht etwas Unrechtes getan, daß du zu uns kommst!«
»Im Gegenteil«, antwortet Potifar. »Ihr bringt die besten Harze nach

Ägypten! Letztes Jahr hat sich eine Prinzessin beim Ballspiel den Fuß übertreten. Die Ärzte haben aus eurem Harz einen Balsam zubereitet. Und nach nur sieben Tagen konnte die Prinzessin wieder umherspringen. Auch die Priester rühmen dein Harz. Sie sagen, daß kein anderes Räucherwerk im Tempel so gut riecht wie deines. Darum will ich dir auch diesmal die Hälfte deiner Waren abkaufen. Um die andere Hälfte brauchst du dich nicht zu sorgen. Alle Beamten der Königsstadt werden dich noch heute so bestürmen, daß du morgen ausverkauft bist. — Aber, wer ist denn der schöne junge Mann dort?«
»Ich habe ihn unterwegs gekauft«, antwortet der Kaufmann. »Und ich bereue es nicht. Ich habe noch nie einen so treuen und zuverlässigen Sklaven gehabt wie den Josef.«
Der Kaufmann erzählt vom Raubüberfall.
»Ich könnte einen solchen Sklaven brauchen«, sagt Potifar. »Würdest du ihn mir verkaufen?«
»Ich trenne mich nicht gern von ihm«, sagt der Kaufmann.
»Ich gebe dir dreißig Silberstücke«, sagt Potifar.
»Eigentlich möchte ich ihn lieber behalten«, antwortet der Kaufmann.
»Vierzig!«
»Verzeih, Herr, aber Josef ist kein gewöhnlicher Sklave.«
»Fünfzig!«
»Weil du der Kommandant der Leibwache des Pharao bist, Potifar, will ich dir Josef geben!«
Potifar winkt einem Diener. »Laß die Bündel mit den Harzen nach Hause bringen!« befiehlt er. »Bezahle dem Kaufmann die Ware und den Sklaven. Die Träger sollen mich zurücktragen. Und der Josef kann mit den andern Dienern der Sänfte folgen!«
Das Haus des Potifar liegt in einem großen Park. Durch eine hohe Mauer ist es von der Außenwelt abgeschlossen. Der Aufseher über die Sklaven zeigt Josef alles, was er wissen muß.
»Hier ist die große Empfangshalle«, sagt er. »Wenn Besucher kommen oder wenn Potifar mit dem Hofmeister oder mit mir reden will, dann empfängt er uns hier. Er sitzt dann auf dem großen Sessel dort, dessen Beine wie die Pfoten eines Löwen aussehen. Wenn man hereinkommt, muß man sich vor Potifar auf den Boden werfen.«
»Was tut der Hofmeister?« will Josef wissen.
»Er ist der höchste Diener«, antwortet der Aufseher über die Sklaven. »Er hat die Aufsicht über das ganze Haus, über alle Diener, über alle Vorräte und über alles Geld.«
Der Aufseher deutet auf die Türen im Empfangssaal.

»Diese Türen führen in die privaten Räume des Potifar. Dort wohnt auch seine Familie. Nur wer dort arbeitet oder wer von Potifar oder seiner Frau gerufen wird, darf diese Zimmer betreten. Die Köche, die Schreiber, die Stallknechte und alle andern wohnen in den Häusern, die am Rand des Parks liegen. Potifar ist sehr reich. Er besitzt viele Äcker und Felder. Was ihm die Bauern an Getreide, an Früchten und Gemüse abliefern, muß genau geprüft, gewogen und gezählt werden. Alle Einkünfte und Ausgaben werden aufgeschrieben. Fünfzehn Sklaven haben bis jetzt diese Arbeit verrichtet. Du bist der sechzehnte.«
Der Aufseher zeigt Josef den Park. Vor dem Haus befindet sich ein Teich mit Seerosen und Papyrusstauden. Die weiße Villa spiegelt sich im Wasser. Am Rand des Gartens dehnt sich ein kleiner Wald mit Bambus und Dattelpalmen aus.
»Potifar legt Wert darauf, daß seine Sklaven gut angezogen sind«, sagt der Aufseher. »Er will auch, daß sie sich wie gut erzogene Ägypter benehmen und auch wie Ägypter aussehen. Du mußt dir also die Haare so kurz schneiden, daß sie nicht über den Nacken fallen. Und einen Bart darfst du dir nicht wachsen lassen. Es ist hier nicht gestattet, beim Essen niederzuhocken, wie es bei euch im Norden Sitte ist. Wir sitzen auf Stühlen an einem Tisch. Und merk dir: Der Potifar ist ein strenger, aber ein guter Herr. Wer seine Arbeit recht macht, hat nichts zu fürchten. Nur faule, unzuverlässige und freche Sklaven läßt er strafen.«
Der Aufseher zeigt Josef noch die Räume, in denen die Sklavinnen und Sklaven arbeiten und wohnen. Er erklärt ihm, was er alles zu tun hat.
»Das reicht für heute«, sagt er dann. »Laß dir jetzt die Haare schneiden, wasch dich und ruh dich aus. Morgen ist dein Kleid bereit. Dann kannst du mit der Arbeit anfangen.«

Frau Potifar

1. Mose 39, 1-20

Vorbemerkungen

Vielleicht hatte Josef seine *Schönheit* von seiner Mutter Rahel, von der 29, 17 gesagt wird, daß sie von Gestalt und Ansehen schön war. Es kann sein, daß der Erzähler der Josefsgeschichte diesen Bezug vor Augen hatte. Wichtiger war ihm jedoch, daß seine Schönheit — wie seine guten Charaktereigenschaften — darauf hinwiesen, daß Gott mit ihm war. Nun

wurde ihm aber gerade diese Gottesgabe zur Prüfung. Seine Schönheit fiel der Frau Potifars auf, und sie wollte ihn zum Ehebruch überreden. Josef lehnte ab. Er berief sich auf seine Vertrauensstellung und auf Gottes Gebot. Beide Argumente gehören zusammen, weil nach dem Verständnis des Alten Testaments das Gesetz sowohl den Menschen wie auch die menschliche Gemeinschaft schützt. Diese Auffassung findet sich auch im Neuen Testament, und der Reformator Zwingli, der zwischen Gesetz und Evangelium keinen Gegensatz sah, sagte: »Gottes Gebot ist gut und führt den rechten Weg«. Das ist der Grund, warum die Zehn Gebote auch schon die »Zehn großen Freiheiten« genannt wurden.
Beim *Gewand* des Josef handelte es sich wohl um einen Lendenschurz, wie ihn auch die Vornehmen in Ägypten trugen.
Hebräer war ursprünglich kein Volksname, sondern das Wort bezeichnete Menschen, die einer unteren sozialen Schicht angehörten.
Für Potifar war Josef ein Ehebrecher. Ehebrecher wurden üblicherweise zum Tod verurteilt. Man kann sich natürlich verschiedene Gründe dafür ausdenken, warum Josef dieser Strafe entging. Aber für den Erzähler der Josefsgeschichte gab es nur einen Grund: Gott war mit Josef. Zwar wurde der junge Mann einmal mehr schwer geprüft. Aber auch dieses Leid war nichts anderes als eine notwendige Wegstrecke zum Heil.

Erzählung

»Wir müssen ein neues Vorratshaus bauen, Herr«, sagt der Hofmeister zu Potifar. Der Hofmeister hat weiße Haare. Sein Gesicht ist voller Runzeln. Er steht im großen Empfangsraum, und vor ihm, auf dem Sessel mit den Löwenpfoten, sitzt Potifar.
»Ist denn die Ernte so viel größer gewesen als in anderen Jahren?« will Potifar wissen.
»Das auch«, antwortet der Hofmeister. »Aber daran allein liegt es nicht. Früher haben die Sklaven das Korn ganz einfach in die Lagerhäuser geschüttet. Und dann ist immer ein Teil verfault oder vom Ungeziefer gefressen worden, weil man es nicht umgeschaufelt hat. Aus dem gleichen Grund ist auch viel Obst und Gemüse verdorben.«
»Und warum ist das jetzt besser geworden?« will Potifar wissen.
»Weil wir seit einem Jahr einen tüchtigen Sklaven haben!«
»Was für einen Sklaven?«
»Er heißt Josef.«
»Josef?«
»Du hast ihn selber auf dem Markt gekauft, Herr.«

»Jetzt erinnere ich mich!« sagt Potifar. »Er hat fünfzig Silberstücke gekostet.«
»Ich habe zuerst gedacht, daß das zu teuer ist für einen Sklaven«, sagt der Hofmeister. »Aber der Kauf hat sich hundertmal gelohnt. Josef ist der geschickteste und tüchtigste Arbeiter. Wenn die andern am Morgen noch schnarchen, ist er schon auf. Er arbeitet flink. Er hat den Kopf bei der Sache. Wenn niemand mehr weiter weiß, dann hat Josef bestimmt eine Idee. Er kennt viele Lieder aus seiner Heimat, und wenn er singt, dann steckt seine gute Laune die andern an. Darum wird mehr gearbeitet als früher. Und darum brauchen wir jetzt ein neues Vorratshaus.«
Potifar denkt nach.
»Du kannst das Vorratshaus bauen lassen«, sagt er.
Der Hofmeister verbeugt sich und geht zur Tür.
»Noch etwas!« sagt Potifar. »Befiehl dem Josef: er soll zu mir kommen!«
Wenig später fällt Josef vor Potifar auf den Boden.
»Steh auf!« sagt Potifar. Er mustert Josef. »Schön sieht er aus in seinem kurzen weißen Rock«, denkt Potifar. »Wie ein vornehmer Ägypter. Niemand würde ihm ansehen, daß er ein Sklave ist und aus dem Bergland im Norden kommt.«
»Mein Amt als General der Leibwache des Pharao«, sagt Potifar laut, »macht mir viel Arbeit. Ich komme kaum mehr dazu, meine eigenen Güter zu verwalten. Außerdem ist mein guter Hofmeister alt geworden und braucht Ruhe. Ich mache dich darum zu meinem Berater. Heute abend ziehst du in mein Haus. Ich lasse dir ein eigenes Zimmer einrichten. Der Hofmeister wird dir sagen, was du zu tun hast. Du kannst gehen!«
Josef verneigt sich. Wie im Traum geht er durch das Haus. Er packt seine Sachen zusammen. Er bezieht sein Zimmer im Haus des Potifar. Jetzt schläft er nicht mehr auf dem Boden. Er hat ein Bett, und zwei Sklaven bedienen ihn.
Nach einem Jahr wird der alte Hofmeister krank.
»Du wirst sein Nachfolger, Josef«, sagt Potifar. »Du bist jetzt der höchste von meinen Dienern. Mein ganzes Haus, mein ganzes Vermögen und alle meine Sklaven, Sklavinnen und Diener sind dir unterstellt. Ich habe noch nie einen so jungen Hofmeister gehabt wie dich. Aber ich habe zu niemandem so viel Vertrauen wie zu dir. Ich schenke dir ein eigenes Haus mit Sklaven und Sklavinnen. Auch Gold und Äcker sollst du haben. Ich verlange von dir, daß du mir weiter treu und ergeben bist.«
Josef ist jetzt reich und mächtig. Wenn er durch das Haus des Potifar geht, fallen die Sklaven vor ihm auf die Knie. Die Sklavinnen schauen ihm nach und tuscheln hinter seinem Rücken. Denn Josef ist schön.

Auch die Frau des Potifar findet Gefallen an Josef. Sie wohnt mit ihren Dienerinnen in einem entlegenen Teil des Hauses. Immer wieder ruft sie Josef zu sich. Er muß sie beim Kauf von Land, von Kleidern und von Schmuck beraten.
Josef redet jetzt die Sprache der Ägypter so, als wenn es seine Muttersprache wäre. Wer es nicht weiß, merkt nicht, daß er noch vor ein paar Jahren aus einem fernen Land hierhergekommen ist.
Manchmal in der Nacht steht Josef am Fenster seines Schlafzimmers. Er schaut zum Himmel hinauf und denkt an zu Hause: »Lebt wohl mein Vater noch? Und was machen die Brüder? Der Ruben? Der Simeon? Der Ascher? Ich habe sie gehaßt, weil sie mich in die Zisterne geworfen und mich verkauft haben. Aber was wäre wohl geschehen, wenn sie es nicht getan hätten? Wie hätte ich dann Hofmeister beim Potifar werden können? Vielleicht hat Gott alles so eingerichtet? Wer kann seine Wege begreifen?«
Josef denkt an Benjamin.
»Er ist jetzt schon ein junger Mann. Sicher hütet er die Schafe und singt die Lieder, die ich ihn gelehrt habe. Vielleicht liegt er gerade jetzt unter einem Baum, schaut zu den Sternen und denkt an mich, seinen Bruder, der vor vielen Jahren verschwunden ist. Sicher meint er, daß ich tot bin.«
Josef geht ins Bett. Er weint in sein Kissen hinein, bis er endlich einschläft.

Potifar ist verreist. Josef schaut zu Hause nach dem Rechten. Da kommt eine Sklavin zu ihm.
»Josef, du sollst zur Herrin kommen!« sagt sie.
Potifars Frau sitzt in ihrem Zimmer am Fenster auf einem Schemel. Sie hat einen weißen Leibrock mit Goldborten an. Der Rock ist aus ganz feinem Stoff gewebt. Die Frau hat sich schön geschminkt. Ihre Haare sind pechschwarz. Außer ihr ist niemand im Zimmer.
Josef fällt unter der Tür auf den Boden.
»Steh nur auf, Josef!« sagt die Frau freundlich. »Wenn die Dienerinnen nicht da sind, müssen wir nicht so förmlich sein.«
Josef steht auf. »Was befiehlt meine Herrin?« fragt er.
»Der Goldschmied hat mir gestern eine silberne Kette mit zwei roten Edelsteinen gebracht«, sagt die Frau. »Wenn Potifar nach Hause kommt, möchte ich ihn mit diesem Schmuck überraschen. Aber ich kaufe ihn erst, wenn du mir gesagt hast, ob er mir wirklich steht.«
»Ich bin dein Sklave, Herrin«, sagt Josef. »Es ist eine große Ehre für mich, dich zu beraten. Wo ist die Kette?«

»Ich habe sie umgehängt. So kannst du am besten beurteilen, ob sie paßt.«
Die Frau steht auf. Sie stellt sich ans Fenster. Das Licht scheint durch ihr Kleid, und Josef sieht ihren Körper. Die Frau löst das Band oben am Kleid und öffnet den Ausschnitt.
»Komm nur näher, Josef!« sagt sie. »Ganz nah! Und jetzt schau genau hin! Ist der Schmuck nicht schön?«
»Er steht dir ausgezeichnet, Herrin«, antwortet Josef. »Du kannst ihn ohne Bedenken kaufen. Er wird Potifar bestimmt gefallen.«
»Sag doch nicht Herrin zu mir, Josef!« sagt die Frau und faßt Josef an der Hand. »Du bist ja der Stellvertreter des Potifar, und wenn er nicht zu Hause ist, bist du ja eigentlich der Herr.«
Josef zieht die Hand zurück. Er geht rückwärts auf die Türe zu. »Ich bin nur ein Sklave«, sagt er. »Darf ich jetzt wieder gehen?«
Da kommt die Frau auf ihn zu. »Ich hab dich wahnsinnig gern, Josef«, flüstert sie. »Du bist so schön. Und so jung. Umarme mich! Gib mir einen Kuß! Potifar ist ja nicht da!«
»Nein Herrin, das kann ich nicht. Potifar hat mir alles hier anvertraut. Ich darf sein Vertrauen nicht mißbrauchen. Und ich darf auch nicht etwas tun, was Gott verboten hat.«
Josef will aus dem Zimmer gehen. Da fällt ihm die Frau um den Hals. »Gib mir einen Kuß, Josef!« bettelt sie.
»Nein!«
Da wird die Stimme der Frau hart. »Wenn du nicht willst, dann befehle ich es dir!«
Josef schüttelt den Kopf.
»Du verschmähst also meine Liebe?« zischt die Frau. »Du hochnäsiger und eingebildeter Sklave! Warte, ich will dich lehren!«
Sie greift nach Josefs kurzem weißem Rock und will ihn wieder mit Gewalt an sich ziehen. Josef wehrt sich. Er möchte fliehen. Aber die Frau hält ihn mit eisernem Griff am Kleid fest. Da: Ein Ruck! Der Rock zerreißt. Halbnackt eilt Josef aus dem Zimmer und rennt durch die Gänge.
»Hilfe!« schreit Frau Potifar. »Hilfe!«
Da lassen die Köche in der Küche die dampfenden Töpfe stehen. Da wirft der Gärtner den Rechen ins Gras. Da steckt der Schreiber den Griffel hinters Ohr. Der Wächter am Tor des Hauses greift zu seinem Stock. Die Wäscherinnen trocknen ihre Hände ab. Und alle rennen durch das Haus, durch die Zimmer, durch die Gänge zu den Räumen der Frau Potifar.
»Hilfe! Hilfe!« schreit sie noch immer.

Sie hat ihr schwarzes Haar zerzaust und die Schminke verschmiert. Sie hat ihr Bett durcheinander gebracht und sich auf die Decken gelegt. »Dieser nichtsnutzige Hebräer!« schreit sie. »Dieser gemeine Sklave! Überfallen hat er mich! Küssen hat er mich wollen! Dieser Schuft! Packt ihn! Und sperrt ihn sofort ein!«
Ein paar Tage später kommt Potifar nach Hause. Seine Frau zeigt ihm das zerrissene Kleid. »Josef hat mich überfallen!« erzählt sie ihm. Potifar wird bleich. »So also hat der Kerl mein Vertrauen belohnt!« sagt er. Und den Wächtern befiehlt er: »Bringt ihn ins Gefängnis des Pharao! Er kann von Glück reden, wenn ich ihn nicht töten lasse!«

Im Gefängnis

1. Mose 39, 21-40, 23

Vorbemerkungen

Kapitel 40 stammt aus der Quellenschicht des Elohisten, der die Geschichte mit Potifar nicht gekannt hatte. Man merkt das daran, daß Josef nicht, wie 39, 23, Stellvertreter des Gefängnisaufsehers, sondern Diener zweier hoher Gefangener ist. Außerdem sagt Josef in Vers 15, daß er aus Kanaan gestohlen worden sei, während nach der uns geläufigen Quelle Josef von den Brüdern verkauft worden ist.
Mundschenk und *Oberbäcker* sind weniger Berufsbezeichnungen als Titel hoher Beamter am Hof. Das Vergehen der beiden wird nicht erwähnt. Aber da am Hof viele Günstlinge nach hohen Stellen strebten, konnte es in einer Atmosphäre von Intrigen leicht vorkommen, daß Beamte in Mißgunst fielen. Der Mundschenk und der Oberbäcker befanden sich in Untersuchungshaft. Ihr Urteil stand noch aus.
Wie in den Kapiteln 37 und 41, so treten auch hier die *Träume* paarweise auf. Die Bibel kennt ganz verschiedene Formen, mittels derer Gott sich offenbaren kann. Sehr oft haben Erzähler bestimmter Epochen auch ihre diesbezüglichen Lieblingsformen. So redet Gott in der Paradiesgeschichte mit Adam von Angesicht zu Angesicht. Mit Abraham oder mit Gideon redet er durch einen Engel. Dem Jakob offenbart er seinen Willen im Traum, und oft verkündet er seinem Volk Heil oder Unheil durch den Botenspruch der Propheten. Schon im Altertum kannte man Bücher, die für bestimmte Traumbilder typische Deutungen anboten. Für Josef lag die Deutung eines Traumes allein bei Gott, der sich dazu aber eines Menschen bedient.

Erzählung

Josef liegt auf einem Haufen Stroh. Das Stroh ist feucht und halb verfault. Neben Josef sitzen andere Gefangene. Sie sind alle Sklaven. Ihre Herren haben sie wegen eines Vergehens ins Gefängnis werfen lassen.
Das Gefängnis liegt tief unter der Erde. Niemand von den Insassen weiß, ob draußen die Sonne scheint oder ob es Nacht ist. Hier unten ist es immer dunkel. Nur einmal am Tag kommt ein Wächter mit einer Fackel und mit einem großen Topf voll Essen. Er steckt die Fackel in den Boden und stellt den Topf daneben. Sobald er hinausgegangen ist, stürzen sich die Gefangenen auf den Brei und stopfen ihn mit den Händen in den Mund. Die Stärkeren kommen zuerst dran, und die Schwächeren müssen das nehmen, was übrigbleibt.
Wenn die Fackel erlöscht, kommen die Ratten. Sie huschen den Gefangenen über den Körper und über das Gesicht. Sie nagen am faulen Stroh, das auf dem Boden liegt.
Manchmal holt der Wächter einen Gefangenen, und manchmal stößt er einen neuen durch die Tür. Von denen, die er geholt hat, ist nie einer zurückgekommen.
Manchmal erzählen die Gefangenen einander aus ihrem Leben. Josef berichtet von seiner Heimat: Von den Bergen, den Steinwüsten, den grünen Weiden und den Schafherden. »Ich möchte wieder einmal die Sonne sehen«, sagt er.
»Wenn du sie das nächste Mal siehst«, lacht einer, »dann ist es das letzte Mal.«
Da klirren außen an der Tür die Schlüssel. Der Wächter kommt herein.
»Josef!« ruft er und leuchtet mit der Fackel in den Raum.
Josef steht auf.
»Mitkommen!« befiehlt der Wächter.
Josef muß vorausgehen. Der Wächter folgt mit der Fackel. Sie gehen durch einen langen Gang. Wasser tropft von der Decke herunter. Im Schein der Fackel fliehen Käfer in Mauerritzen. Die beiden Männer steigen eine Treppe hoch. Der Wächter stößt eine Tür auf. Da muß sich Josef die Hände vors Gesicht halten. Das Sonnenlicht schmerzt ihn in seinen Augen.
»Vorwärts!« knurrt der Wächter.
Tief atmet Josef die frische Luft ein. Er hört Vögel singen. Er hört das Rauschen der Blätter.
Sie gehen über einen Hof und kommen zu einem schönen Haus. Im Garten stehen Palmen. In ihrem Schatten sitzt ein Mann an einem Tisch. Er

hat ein rotes rundes Gesicht und eine blaue Nase. Aus einem silbernen Becher trinkt er Wein. An einer goldenen Halskette trägt er ein Medaillon. Josef kennt die Zeichen, die darauf stehen. Der Mann ist der oberste Gefängnisverwalter. Er mustert Josef.

»Du bist Hofmeister beim Potifar gewesen?« fragt er.

»Ja, Herr!«

»Du hast dort die Sitten und die Sprache der Ägypter gelernt?«

»Ja, Herr!«

»Du bist geschickt und zuverlässig?«

Josef schweigt.

»Nur nicht so bescheiden!« sagt der Gefängniswächter. »Ich weiß alles über dich. Und nun hör mir gut zu: Du weißt, daß der Pharao viele hohe, kluge und verdienstvolle Beamte hat. Männer wie ich! Fleißige Männer, erfahrene Männer, zuverlässige Männer, gebildete Männer. Aber nicht wahr: auch dem gescheitesten Mann kann einmal ein Fehler passieren! Nein, mir nicht! Aber den andern! Ein falsches Wort, ein falscher Rat — und schon fällt man beim Pharao in Ungnade. Gestern noch in hohen Ehren am Hof, und heute schon im Gefängnis! Gestern rot, heute tot! So ist das Leben!«

Der Gefängnisverwalter nimmt wieder einen Zug aus dem Becher. »Natürlich stecken wir so hohe Herren nicht in das gleiche Gefängnis wie euch Sklaven«, sagt er. »Sie dürfen in einem Haus wohnen, wo schöne Zimmer mit Betten sind. Und ein gutes Essen bekommen sie auch. Nur einen Nachteil haben diese Zimmer: Vor der Tür steht ein Wachsoldat, und durch die Fenster kommt die Luft immer schön gesiebt.«

Der Gefängnisverwalter legt die gespreizten Finger quer übereinander und hält sie sich vor die Augen. Er lacht über seinen Witz und nimmt einen Zug aus dem Becher.

»Schau Josef«, fährt er weiter, »diese Herren sind gewohnt, gut bedient zu werden, bevor sie am Galgen hängen. Und darum brauche ich einen zuverlässigen Diener mit guten Umgangsformen. Der letzte hat auch gute Umgangsformen gehabt. Aber leider hat er zwei- oder dreimal vergessen, die Türe bei den Gefangenen abzuschließen. Das heißt: er hat es natürlich ganz gern vergessen.« Der Gefängnisverwalter lacht. »Und darum brauche ich jetzt dich«, sagt er. »Willst du diese Arbeit machen oder möchtest du lieber wieder ins Gefängnis zurück?«

Josef verneigt sich tief.

»Meine Sklaven haben ein Bad für dich bereit gemacht«, sagt der Gefängnisverwalter. »Sie werden dir die Haare schneiden und dich rasieren. Auch ein hübsches Kleid liegt für dich bereit. Morgen kannst du mit dei-

nem Dienst anfangen. Aber denk daran: Auch wenn du dich frei bewegen kannst, bleibst du ein Gefangener!«
Am andern Tag fängt Josef mit seinem Dienst an. Bald kennen ihn alle vornehmen Gefangenen und die Wachsoldaten. Alle schätzen ihn, weil er immer freundlich und hilfsbereit ist. Er nimmt sich auch Zeit für ein Gespräch. Aber nie läßt er sich bestechen. Wenn ein Gefangener sagt: »Schließ doch die Tür nicht ab, wenn du hinausgehst«, dann antwortet Josef: »Dazu habe ich kein Recht.«
Ganz besonders zwei Gefangene freuen sich, wenn Josef zu ihnen kommt. Einer ist der Oberste Mundschenk des Pharao. Der andere der Oberste Bäcker. Der Mundschenk reicht dem Pharao bei Tisch den Becher. Der Bäcker gibt ihm das Brot. Beides sind ehrenvolle Ämter. Jetzt aber sind sie beim Pharao in Ungnade gefallen.
Der Gefängnisverwalter merkt bald, daß Josef nicht nur zuverlässig, sondern auch klug ist. Darum bespricht er sich immer mit Josef, wenn ihm der Pharao einen Auftrag gibt. Josef berät ihn so gut, daß der Pharao den Gefängnisverwalter lobt. Natürlich sagt der Gefängnisverwalter nichts von Josef. Aber mit der Zeit überläßt er Josef alle Entscheidungen. Josef bekommt ein eigenes kleines Haus. Die Gefängniswächter müssen das tun, was er befiehlt. Eines Morgens, als Josef zum Mundschenk und zum Oberbäcker kommt, merkt er, daß sie bedrückt sind.
»Warum laßt ihr den Kopf hängen?« fragt er.
»Wir haben heute nacht beide einen seltsamen Traum gehabt«, sagt der Oberbäcker. »Als wir noch am Hof gewesen sind, haben wir uns unsere Träume immer durch die Traumdeuter des Pharao erklären lassen. Aber hier im Gefängnis gibt es keine Traumdeuter.«
»Nur Gott weiß, was Träume bedeuten«, sagt Josef. »Erzählt mir doch einmal, was ihr geträumt habt.«
»Also, das war so«, sagt der Mundschenk. »Ich habe im Traum vor mir einen Rebstock gesehen. Der Rebstock hatte drei Ranken. Plötzlich haben die Knospen geblüht, und schon sind die Trauben reif gewesen. Da hatte ich den Becher des Pharao in der Hand, und der Pharao ist neben mir gewesen. Ich habe die Trauben in die andere Hand genommen, habe sie über dem Becher ausgepreßt und den Becher dem Pharao gegeben.«
Josef denkt nach.
»Ich will dir den Traum erklären«, sagt er zum Mundschenk. »Die drei Ranken bedeuten drei Tage. Heute in drei Tagen holt dich der Pharao wieder an den Hof. Du wirst wieder sein Mundschenk wie früher.«
Der Mundschenk klatscht in die Hände. Er freut sich. Er umarmt Josef und den Oberbäcker.

»Darf ich dich um etwas bitten, Herr?« fragt Josef.
»Aber sicher!«
»Wenn du wieder am Hof bist, dann — bitte — denk an mich! Bitte den Pharao, daß ich frei gelassen werde. Ich bin ohne Schuld im Gefängnis.«
»Selbstverständlich werde ich an dich denken, Josef!« verspricht der Mundschenk.
»Hör jetzt auch noch meinen Traum an!« sagt der Oberbäcker. Auch er ist heiter, weil Josef dem Mundschenk einen so guten Bericht gegeben hat.
»Mein Traum ist ganz ähnlich. Ich habe auf dem Kopf drei Körbe getragen. Die Körbe sind übereinander gewesen, und im obersten Korb war Brot für den Pharao. Aber auf einmal sind Vögel vom Himmel auf mich heruntergestoßen und haben den obersten Korb leergefressen.«
»Die drei Körbe«, sagt Josef, »bedeuten auch bei dir drei Tage. Heute in drei Tagen holt dich der Pharao aus dem Gefängnis und läßt dich an einen Baum hängen. Und dann kommen die Vögel und fressen dein Fleisch.«
Drei Tage später trifft das ein, was Josef gesagt hat. Der Pharao verurteilt den Obersten Bäcker zum Tod. Aber der Mundschenk wird wieder in seine Ämter und Würden eingesetzt. Er kehrt zurück in sein Haus und zu seiner Familie. Er feiert ein großes Fest, und alle Gäste gratulieren ihm zu seiner Rückkehr. Dann kommt der Alltag. Am Hof reicht der Mundschenk dem Pharao den Becher. Er trifft sich mit den andern hohen Beamten zu den täglichen Beratungen. Er hat viel zu tun. Und da denkt er nicht mehr an den Sklaven Josef, der ihm im Gefängnis seinen Traum gedeutet hat.

Der Stellvertreter

1. Mose 41

Vorbemerkungen

Ich habe als geschichtlichen Hintergrund der Josefsgeschichte den Anfang der 19. Dynastie vor Augen. Als ihr Begründer gilt Pharao Ahmose, der Ägypten von den Hyksos befreite. Zu den Insignien der Königswürde gehörten der Krummstab (Zepter), der vermutlich auf den Hirtenstab der Nomaden zurückgeht, die Geißel, ein kurzer Stab mit zwei oder drei herabhängenden Perlschnüren, der als Hirtenpeitsche oder Fliegenwedel gedeutet wird, und die Krone. Die wichtigsten Kronen waren: Die weiße Krone Oberägyptens mit dem Geierkopf, die rote Krone Unterägyptens mit der Uräusschlange, die Doppelkrone (Verbindung der roten und der weißen Krone), die Chepreschkrone (blauer Helm), die Federkrone, die Atefkrone. In der Erzählung lasse ich den Pharao die Doppelkrone tragen.

Daß im Traum des Pharao die Kühe aus dem *Nil* heraufstiegen, weist auf die Bedeutung dieses Flusses für Ägyptens Ernährung hin. Sein Wasserspiegel hängt vom Sommerregen ab, der im August/September auf das äthiopische Hochland fällt. In dieser Zeit wird das Niltal durch riesige Wassermengen überschwemmt. Nach dem Rückgang des Wassers bleibt der fruchtbare Nilschlamm zurück, der Voraussetzung für eine reiche Getreideernte ist. Im Altertum galt Ägypten als die Kornkammer der Mittelmeerländer und erwarb sich Reichtum durch Export von Getreide.

Die *Kuh* war ein Symbol der Fruchtbarkeit.

Der *Palast* des Pharao bestand aus weitläufigen Gebäuden mit Höfen, freskengeschmückten Hallen, Korridoren, die mit glasierten Tonziegeln ausgekleidet waren und vielen Zimmern. Jeden Tag ergoß sich ein Strom von Menschen in den Palast: Beamte, hohe Würdenträger, Priester, Armeeoffiziere, unterworfene Fürsten mit ihrem Gefolge. Der Pharao saß auf einem überdachten Thron in einer hohen Säulenhalle. Höflinge und Leibgardisten umgaben ihn. Hinter dem Thronsaal befanden sich die privaten Gemächer des Pharao. Wer vor dem Pharao erschien, wechselte die Kleider und schnitt sich die Haare.

Josef deutete dem Pharao nicht nur den Traum und teilte ihm so Gottes Beschluß mit, sondern gab ihm auch einen *Rat,* wie er jetzt handeln müsse. Der Erzähler der Josefsgeschichte rätselte nicht an der Tatsache herum, warum Gott eine Hungersnot schickte. Wichtig war ihm, was der Mensch jetzt tat. Es war in Ägypten eine gebräuchliche Maßnahme der Regierung, daß Getreide in staatlichen Silos gespeichert wurde.

In der *Einsetzung des Josef in sein Amt* werden in der Geschichte tatsächlich geübte Zeremonien, Rechte und Bräuche geschildert. Josef wurde Großwesir und Palastvorsteher. Er war damit bevollmächtigter Stellvertreter des Pharao. Äußeres Zeichen dafür war das Siegel, und als Ehrenzeichen erhielt er eine Halskette. Als Statussymbol wurde ihm ein Prunkwagen zugeteilt, den wir uns wie einen Streitwagen vorzustellen haben. Das Wort *»Abrek«* ist nicht geklärt.

Wir müssen uns Josef jetzt als Ägypter vorstellen. Er bekam den Namen *Zafenat-Paneach* (»Gott spricht und lebt«) und heiratete eine ägyptische

Priesterstochter. Die Zeit, in der die Josefsgeschichte erzählt wurde, stieß sich nicht an dieser Vermischung eines Hebräers mit heidnischen Menschen und Gebräuchen. Es war wohl eine weltoffene Zeit, der die spätere Abkapselung und der Monotheismus noch fremd waren.

Erzählung

»Der Pharao kommt!« ruft der Zeremonienmeister in den Thronsaal. Der Thronsaal ist eine hohe Halle mit mächtigen Säulen. Schriftzeichen sind in die Säulen eingemeißelt. Die hohen Würdenträger, Priester und Armeeoffiziere, die im Thronsaal auf den Pharao warten, werfen sich auf den Boden. Jetzt kommt der Pharao durch ein Tor von seinen Privatgemächern in den Thronsaal. Er trägt ein weißes Kleid, das ihm bis an die Knie geht, und auf seinem Kopf eine Krone. Der innere Teil der Krone sieht aus wie ein weißer Kegel, der äußere besteht aus einem roten Band, das am hintern Teil in eine nach oben gerichtete Spitze ausläuft. Vorne an der Krone ist eine Schlange abgebildet. In der rechten Hand hält der Pharao einen goldenen Krummstab, in der linken einen Stab mit drei Schnüren. Zehn Leibwächter begleiten den Pharao. Jetzt steigt der Pharao zu seinem überdachten Thron hinauf. Als er sich setzt, stehen die Würdenträger, die Priester und die Offiziere vom Boden auf.

»Ich habe in der Nacht einen seltsamen Traum gehabt«, sagt der Pharao. »Ich stand am Ufer des Nils. Da stiegen auf einmal sieben schöne, gutgenährte Kühe aus dem Fluß und weideten im Schilfgras am Ufer. Plötzlich kommen aus dem Nil sieben brandmagere, häßliche Kühe. Sie fallen über die schönen fetten Kühe her und fressen sie auf. Dann bin ich aufgewacht.«

Die Würdenträger, Priester und Offiziere nicken mit den Köpfen. Sie murmeln. »Ein seltsamer Traum«, sagen die einen. »Ein schöner Traum«, sagen die andern. Ein paar sagen nichts.

»Dann bin ich wieder eingeschlafen«, fährt der Pharao fort.

»Und wieder habe ich geträumt: Ich habe gesehen, wie auf einem einzigen Halm sieben schöne, volle Ähren wuchsen. Aber auf einmal schießen sieben ausgedörrte Ähren aus dem Boden. Diese sieben vertrockneten Ähren stürzen sich auf die sieben vollen und verschlingen sie.«

Der Pharao macht eine Pause. Dann sagt er: »Ich habe die halbe Nacht über diese beiden Träume nachgedacht. Ich bin ganz sicher, daß sie mir etwas Wichtiges sagen wollen. Aber ich weiß nicht, was das ist. Darum frage ich jetzt euch, meine Ratgeber — und unter euch ganz besonders die Traumdeuter: Was bedeuten meine beiden Träume?«

Jetzt fangen alle Würdenträger, Priester und Offiziere an zu reden. Jeder will zeigen, wie wichtig für ihn die Träume des Pharao sind.
»Ich habe noch nie so etwas geträumt!« ruft einer.
»Doch«, sagt ein anderer, »ich habe auch schon vom Nil geträumt.«
»Und ich habe einmal im Traum eine Kuh gesehen. Vielleicht ist es auch ein Kamel gewesen. Jedenfalls ein ganz seltsames Tier...«
»Es interessiert mich nicht, was ihr geträumt habt«, sagt der Pharao. »Ich will wissen, was meine Träume bedeuten.«
»Also die sieben Kühe«, sagt einer der Traumdeuter, »und die sieben Ähren — das sind beide Male sieben. Und der Mond ist einmal in 28 Tagen voller Licht, und einmal in sieben Tagen ist immer ein vierter Teil mehr oder weniger Licht im Mond...«
»Aber was hat das mit den Kühen und mit den Ähren zu tun?« will der Pharao wissen.
»Also die Kuh«, sagt der Traumdeuter, »die Kuh... das ist...«
»Ein Rindvieh!« sagt ein Offizier.
»Nein, das ist das Bild der Himmelsgöttin!«
»Und der Nil: der macht das Land fruchtbar. Der Traum bedeutet: Wir müssen dem Nil ein Opfer bringen!«
Jetzt reden alle durcheinander. Jeder sagt etwas anderes. Der Pharao hält sich die Ohren zu.
»Am liebsten würde ich euch alle an den Nil schicken, um dort Kühe zu weiden oder Korn zu säen!« sagt er. »Da halte ich mir gutbezahlte Ratgeber am Hof, aber sie können mir nicht einmal einen Traum deuten.«
Da drängt sich der Mundschenk nach vorne.
»Herr«, sagt er, »mir kommt gerade etwas in den Sinn. Vor etwa zwei Jahren hast du den Obersten Bäcker und mich ins Gefängnis werfen lassen, weil wir uns gegen dich vergangen haben. Im Gefängnis hat uns ein Sklave bedient. Er ist ein junger Hebräer gewesen. Ich erinnere mich sogar noch an seinen Namen: Josef hat er geheißen. Einmal haben wir ihm unsere Träume erzählt. Er hat uns genau sagen können, was sie bedeuten. Und diese Deutung ist dann auch wirklich eingetroffen.«
»Wo ist dieser Josef jetzt?« fragt der Pharao.
»Ich denke, daß er noch immer beim Gefängnisverwalter ist«, antwortet der Mundschenk.
»Der Josef soll sofort zu mir kommen!« befiehlt der Pharao.
Eine Stunde später steht Josef vor dem Thron. Er trägt ein neues Kleid, und seine Haare sind geschnitten. Josef kommt sich in dieser mächtigen Halle ganz klein vor. Alle schauen ihn an: der Pharao, die Ratgeber, die Offiziere, die Priester. Aber Josef hat keine Angst. Aufrecht steht er da.

Das gefällt dem Pharao.
Er erzählt Josef seine Träume. »Ich habe das alles schon meinen Ratgebern und Traumdeutern berichtet«, sagt er. »Aber nicht einer hat mir sagen können, was das alles bedeutet.«
»Gott hat dem Pharao zeigen wollen, was er vorhat«, antwortet Josef. »Beide Träume bedeuten nämlich das gleiche. Die sieben fetten Kühe und die sieben vollen Ähren: das sind sieben fruchtbare Jahre. Die sieben mageren Kühe und Ähren aber sind sieben Hungerjahre. Gott also will dem Pharao sagen: In den nächsten sieben Jahren herrscht in ganz Ägypten Überfluß. Dann aber kommen Zeiten der Dürre, in denen nichts mehr wächst. Daß der Pharao zweimal geträumt hat, bedeutet: Gott führt seinen Plan ganz bestimmt aus. Und darum rate ich dem Pharao: Suche einen zuverlässigen und geschickten Mann! Er soll darüber wachen, daß im ganzen Land Lagerhäuser gebaut werden. Und dann müssen alle Bauern während sieben Jahren den fünften Teil ihrer Ernte den Beamten des Pharao als Sondersteuer abgeben. Dieser fünfte Teil der Ernte muß in den Lagerhäusern aufbewahrt werden, und zwar so, daß nichts verdirbt. Dann ist genug Vorrat da für die sieben mageren Jahre, und niemand wird verhungern.«
Ganz still ist es im Thronsaal.
Dann sagt der Pharao zu Josef: »Das hat dir Gott selber eingegeben. Er hat dich gewählt, um mir diesen Traum zu deuten. Und darum mache ich dich jetzt zu meinem Stellvertreter. Ich gebe dir die Vollmacht über ganz Ägypten. Du sollst das, was du mir geraten hast, selber ausführen!«
Der Pharao steht auf. Er nimmt seinen Siegelring und steckt ihn Josef an den Finger. Er schenkt ihm prächtige Kleider und als Zeichen seiner Würde eine goldene Halskette.
Weil Josef jetzt ein Ägypter ist, bekommt er auch einen ägyptischen Namen. Der Pharao selber gibt ihm den Namen: Zafenat-Paneach. Niemand sagt mehr Josef zu ihm. Alle nennen ihn Zafenat-Paneach.
Josef bekommt auch ein großes prächtiges Haus. Er darf im vergoldeten Streitwagen des Königs durch das Land fahren. Wenn er unterwegs ist, rennen die Läufer des Königs vor ihm her und rufen den Leuten zu: »Aus dem Weg! Aus dem Weg! Der Zafenat-Paneach, der Stellvertreter des Pharao, kommt!« Da fallen die Menschen vor ihm auf die Erde.
Josef reist durch das ganze Land. Er stellt Beamte ein, die genau kontrollieren müssen, daß alle Bauern den fünften Teil der Ernte abgeben. So füllen sich in den sieben fruchtbaren Jahren die Lagerhäuser mit Getreide.
Kurze Zeit später heiratet Josef die Tochter eines hohen ägyptischen Prie-

sters. Das Mädchen heißt Asenat. Asenat schenkt ihm zwei Söhne. Der ältere heißt Manasse, der jüngere Efraim.
Jetzt ist Josef ein berühmter und ein reicher Mann. Er ist glücklich. Nur ganz selten denkt er noch an seine Brüder, die weit weg, in den Bergen des Landes Kanaan, die Schafe und die Ziegen hüten.

Die erste Reise der Brüder

1. Mose 42

Vorbemerkungen

Vers 6 will nicht sagen, daß Josef selber auf dem Markt dem Volk *Korn verkaufte*. Er war der oberste Verantwortliche; besorgt aber wurde die Arbeit von Untergebenen.
Josef hatte zuerst die Absicht, alle seine Brüder im Gefängnis zurückzubehalten und nur einen von ihnen nach Hause ziehen zu lassen, um Benjamin zu holen (Vers 17). Später jedoch änderte er seine Absicht und verlangte nur, daß einer als Geisel in Ägypten zurückblieb (Vers 19). Vielleicht wollte Josef die Strafe mildern; vielleicht aber kam ihm auch die Idee, daß er so seine Brüder vor eine ähnliche Situation stellen konnte wie damals, als sie ihn verkauft hatten. Nur waren es jetzt sie, die Angst hatten und sich fragten, welches dunkle Geschick ihnen all das zufügte. Ebenso unheimlich kam es ihnen vor, daß sie das Geld für das Korn wieder in ihren Säcken fanden.
Das Wort »*Dolmetscher*« sollte vor der Erzählung erklärt werden. Man kann es auch durch »Übersetzer« ersetzen.

Erzählung

»Die Weiden sind verdorrt, Vater«, sagt Ruben. Er zeigt mit der Hand auf die Berghänge. Der Boden ist gelb von den dürren Grasstoppeln. Die andern Brüder sitzen und liegen vor dem Zelt.
»Die Schafe und Ziegen finden immer etwas«, antwortet Jakob. Jakob ist alt geworden. Seine Haare sind weiß. Aber noch immer sind seine Augen klar und seine Arme kräftig.
»Natürlich finden die Schafe und Ziegen noch Fressen«, sagt Ruben. »Aber wir Menschen haben nichts mehr. In den Städten hungern sie schon.«

»Wie steht es mit unseren Vorräten?« will Jakob wissen.
Ruben zuckt mit den Achseln. »In einem halben Jahr sind sie alle aufgebraucht.«
»Und da liegt und sitzt ihr faulen Kerle einfach herum?« ruft Jakob zornig. »Meint ihr eigentlich, euer alter Vater würde für euch und eure Frauen und für eure Kinder durch das Land gehen und Getreide suchen?«
»Die Bauern verkaufen schon lange kein Getreide mehr«, murrt Ascher.
»Die Bauern nicht«, sagt Jakob. »Aber der Pharao in Ägypten. Alle andern Hirten sind schon längst unterwegs in den Süden. Nur meine Herren Söhne sind zu bequem. Sie verhungern lieber als etwas zu unternehmen. Wartet, ich mach euch Beine!«
Der alte Jakob schwingt seinen Hirtenstock, daß die Luft pfeift. Erschrocken springen die Brüder auf die Beine.
»In einer Woche macht ihr euch auf den Weg!« befiehlt Jakob. »Alle zusammen! Nur Benjamin bleibt bei mir. Jeder von euch nimmt einen Esel mit. Und dann kauft soviel Getreide, wie ihr bekommt!«
Eine Woche später verlassen die Brüder das Zeltdorf. Sie nehmen die Straße über das Gebirge. Dann steigen sie hinunter in die Wüste. Nach sechs Tagen erreichen sie die Oase Kadesch. Dort füllen sie ihre Wasserschläuche. Die Oase ist voll von Menschen. Viele gehen nach Ägypten, um Korn zu kaufen. Andere sind bereits auf dem Heimweg.
Nach einer weiteren Woche erreichen die Brüder die Hauptstadt. Sie brauchen nicht zu fragen, wo das Korn verkauft wird. Hunderte von Menschen strömen durch die Straßen. Fast alle haben einen oder mehrere Esel als Lasttiere bei sich. Andere ziehen einen Wagen, und die Ärmsten tragen Körbe und Säcke mit sich. Alle streben dem Haus zu, in dem sich das Königliche Amt für Getreideverkauf befindet.
Vor dem Haus ist ein weiter Platz. Dort warten die Käufer, bis sie an die Reihe kommen.
Die Brüder binden ihre Esel an die Palmenbäume, die auf dem Platz stehen. Sie starren zum großen Gebäude hinüber. Alles in dieser Stadt kommt ihnen fremd vor. Die Menschen sind anders angezogen als zu Hause. Sie sprechen eine Sprache, die sie nicht verstehen.
Doch: da tönen aus der Menge vertraute Worte. Ein Landsmann ist in der Nähe; ein Hirte aus dem Jordantal. Die Brüder gehen zu ihm. Sie schütteln ihm die Hand und umarmen ihn. Wie gut ist es, wenn man in der Fremde mit jemandem aus der Heimat reden kann.
»Ich bin schon zum zweiten Mal hier, um Getreide zu kaufen«, sagt der Landsmann.
»Muß man lange warten?« will Ruben wissen.

»Überhaupt nicht!« sagt der Mann. Er ist stolz, daß er mehr weiß als die andern. »Die Ägypter machen das großartig. Seht ihr die Türme dort? Das sind Getreidespeicher. Jeden Tag bringen Sklaven aus den Lagerhäusern des Landes Tausende von Körben Korn. Sie werfen es oben in die Speicher. Unten steht ein Beamter. Der öffnet eine Klappe — und schon strömt das Getreide wie ein Wasserfall in die Säcke und Körbe der Käufer.«
Die Brüder wollen gleich mit ihren Säcken zu den Speichern gehen.
»Das könnt ihr nicht«, sagt der Landsmann. »Zuerst müßt ihr euch an die Wartenden dort beim Amtshaus anschließen. Die Ägypter sind streng. Jeder bekommt nur einen Korb oder einen Sack voll Getreide. Unter den Tausenden, die nach Ägypten kommen, sind nämlich auch Spione und Spekulanten. Sie versuchen, jede Woche ein paarmal hierher zu kommen, und dann verkaufen sie das Getreide zu hohen Preisen. Aber der höchste Beamte des Pharao — er heißt Zafenat-Paneach — und seine Mitarbeiter sind wachsam. Sie prüfen jeden, der Korn kaufen will. Wenn ihr vor Zafenat-Paneach erscheint, müßt ihr euch auf den Boden werfen. Dann dürft ihr wieder aufstehen. Er schaut euch an, nickt mit dem Kopf, und dann könnt ihr das Getreide an der Kasse bezahlen. Ihr bekommt eine Tonmarke. Die gebt ihr draußen dem Mann am Getreidespeicher. Und schon habt ihr euer Korn und könnt wieder nach Hause gehen.«
Die Brüder staunen.
»Ist denn«, will Levi wissen, »der hohe Beamte, der Zafe... der Zafe...«
»Zafenat-Paneach«, hilft der Landsmann.
»Ja, Zafenat-Paneach — ist der den ganzen Tag im Amt?«
Der Landsmann lacht über so viel Dummheit.
»Natürlich nicht. Nur ab und zu. Der hat noch anderes zu tun. Oft läßt er sich durch andere Beamte vertreten. Aber man hat mir gesagt, daß er sich ganz gerne die Käufer selber anschaut.«
Die Brüder bedanken sich beim Landsmann und reihen sich in die Wartenden ein. Als sie die große Halle betreten, klopft ihr Herz. Vorne sitzt der Ägypter auf einem erhöhten Sessel. Um ihn herum stehen Beamte und Wachsoldaten. Die Brüder wagen nicht, ihn anzuschauen. Sie werfen sich der Länge nach auf den Boden. Durch ihre Kleider fühlen sie die Kühle der Steine.
Josef hat seine Brüder gleich erkannt. Seine Augen wandern von einem zum anderen. Dort — das ist Ruben, dann Simeon, Levi, Juda, Gad, Ascher, Dan, Naftali, Issaschar und Sebulon.
»Nur Benjamin fehlt«, denkt Josef und erschrickt. »Ob er gestorben ist?«
Mit einem Mal sieht sich Josef wieder als Bub: an jenem Morgen, als er

in seinem neuen Ärmelkleid zu den Brüdern und zum Vater gekommen ist und ihnen seinen Traum von Sonne, Mond und Sternen, die sich vor ihm verbeugten, erzählt hat.

»Jetzt ist der Traum in Erfüllung gegangen«, denkt Josef. »Jetzt liegen sie vor mir auf dem Boden, meine Brüder, die mich damals in die Zisterne geworfen haben. Die kein Mitleid mit mir gehabt haben, als ich geweint und gebettelt habe. Die mich für zwanzig Silberstücke als Sklaven nach Ägypten verkauft haben.«

»Steht auf!« befiehlt Josef mit harter Stimme. Er redet in der Sprache der Ägypter. Ein Dolmetscher, der neben ihm steht, übersetzt alles, was er sagt. So fährt er jetzt die Brüder im gleichen Tonfall und mit der gleichen harten Stimme an: »Steht auf!«

Erschrocken springen die Brüder auf die Beine.

»Woher kommt ihr?« will Josef wissen.

»Woher kommt ihr?« übersetzt der Dolmetscher.

»Wir kommen aus dem Land Kanaan, Herr«, antwortet Ruben. »Wir möchten Getreide kaufen.«

»Nein«, antwortet Josef. »Ihr seid nicht wegen des Getreides gekommen. Ihr seid Spione. Spione einer räuberischen Beduinensippe! Ihr wollt auskundschaften, wo ihr am besten in unser Land einfallen und die Getreidespeicher plündern könnt!«

»Nein, Herr!« ruft Simeon erschrocken. »Bestimmt nicht! Wir sind bestimmt nur gekommen, um Getreide zu kaufen. Wir sind alle Brüder. Unser Vater lebt im Land Kanaan. Wir züchten Schafe und Ziegen und wohnen in Zelten. Eigentlich sind wir zwölf Brüder. Aber der Jüngste ist zu Hause beim Vater geblieben, und einer... einer ist... einer ist tot.«

»So, zwölf Brüder seid ihr gewesen«, sagt Josef. »Und einer ist tot. Und der andere ist zu Hause geblieben. Das soll ich euch glauben?«

»Es ist wahr, Herr«, sagt Ruben.

»Gut«, erwidert Josef. »Wenn es wahr ist, dann soll jetzt sofort einer von euch nach Hause gehen und den jüngsten Bruder holen. Erst, wenn ich ihn sehe, glaube ich euch.«

»Aber Herr«, ruft Ruben verzweifelt. »Das geht doch nicht...«

»Dann lügt ihr eben doch«, antwortet Josef. »Vielleicht braucht ihr ein paar Tage Ruhe, bis ihr euch entschließen könnt, die Wahrheit zu sagen oder das zu tun, was ich euch befehle.«

Josef winkt den Wachsoldaten.

»Bringt sie ins Gefängnis!« befiehlt er.

Drei Tage später läßt Josef die Brüder wieder zu sich holen.

»Ich will nicht, daß eure Familien verhungern«, sagt er zu ihnen. »Ich

glaube an Gott und befolge seine Gebote. Aber wenn ihr wirklich ehrliche Leute seid, dann laßt einen von euch im Gefängnis zurück. Die andern können mit dem Getreide heimkehren und dann mit dem jüngsten Bruder wieder zurückkommen. Wenn es dann wahr ist, was ihr gesagt habt, könnt ihr alle wieder nach Hause gehen.«
Die Brüder schauen einander an.
»Was sollen wir machen?« fragt Gad.
»Es bleibt uns nichts anderes übrig als das zu tun, was er befiehlt«, erwidert Juda.
»Der Vater gibt uns den Benjamin nie mit«, jammert Ascher.
»Das ist jetzt die Strafe für das, was mir mit Josef gemacht haben«, sagt Simeon. »Er hat uns damals angefleht und gebettelt, aber wir haben kein Erbarmen mit ihm gehabt.«
»Ich habe euch ja gesagt: vergreift euch nicht an ihm!« sagt Ruben. »Aber ihr habt nicht auf mich gehört.«
Josef hört das ganze Gespräch mit an. Die Brüder merken nicht, daß er sie versteht. Josef steht von seinem Sessel auf. Er geht ans Fenster und tut so, als ob er hinausschaue. Aber er schaut nicht hinaus. Seine Augen haben sich mit Tränen gefüllt.
Endlich kommt er zurück.
»Führt den dort ins Gefängnis!« befiehlt er den Wachsoldaten und zeigt auf Simeon. Dann verläßt er den Raum und geht in sein Haus. Dort befiehlt er dem Hofmeister: »Heute morgen haben zehn Männer aus Kanaan Getreide gekauft. Du weißt schon, welche: die, die drei Tage im Gefängnis gewesen sind. Einen habe ich zurückbehalten. Die andern neun reisen heim. Sorge dafür, daß jedem von ihnen das Geld, das sie für das Getreide bezahlt haben, wieder oben in den Sack gelegt wird. Aber so, daß sie es erst merken, wenn sie die Säcke aufmachen. Gib ihnen auch Verpflegung für die Reise mit!«
»Ja, Herr!« sagt der Hofmeister und verbeugt sich.

Die zweite Reise der Brüder — 1. Mose 43

Vorbemerkungen

Nach Kapitel 42 erwartet der Leser, daß die Brüder alles daran setzen, um *Simeon* aus seiner Gefangenschaft zu befreien. Indessen bleiben sie

nach Kapitel 43 vorerst ruhig zu Hause. Erst als die Hungersnot keinen andern Ausweg läßt, befiehlt ihnen der Vater, sich wieder für die Reise in den Süden zu rüsten. Von Simeon ist überhaupt nicht die Rede. Dies darum, weil Kapitel 43 und 44 aus der Quellenschrift des Jahwisten stammen. Nach seiner Erzählung wurde Simeon nicht von Josef zurückbehalten. Josef befahl ihnen nur, beim nächsten Mal Benjamin mitzubringen. Erst ein späterer Redakteur fügte am Schluß von 43, 23 bei: »Und er brachte den Simeon zu ihnen heraus.«
Harz: Siehe Vorbemerkungen zur Erzählung »Der Träumer«.
Beim *Honig* handelt es sich um wilden Honig, der anstelle des damals noch unbekannten Zuckers verwendet wurde.
Das *Alter Benjamins* kann nur indirekt errechnet werden. Nach 30, 23 kam Josef noch in Haran zur Welt, Benjamin indessen auf der Reise nach Bet-El, nachdem sich Jakob und Esau ausgesöhnt hatten (35, 16). Benjamin war demnach wenige Jahre jünger als Josef. Als Josef Wesir in Ägypten wurde, war er 30 Jahre alt. So dürfte man ihn sich in unserer Erzählung als etwa Fünfunddreißigjährigen vorstellen; Benjamin als etwa Dreißigjährigen. In Wirklichkeit hat ihn jedoch unser Erzähler bedeutend jünger vor Augen, und auch die Schüler stellen ihn sich noch als Knaben vor.
Die rituellen *Reinheitsvorschriften* schrieben vor, daß ein Ägypter nicht mit Andersgläubigen am gleichen Tisch essen durfte. Zur Zeit des Neuen Reiches saßen die vornehmen Ägypter beim Essen an Tischen auf Stühlen. Bevorzugten Tischgenossen wurden doppelte Portionen (1. Samuel 1, 5) oder — wie hier — sogar fünffache aufgetragen.

Erzählung

»Nein! Nein! Und nochmals: nein!« ruft Jakob. »Ich lasse Benjamin nicht nach Ägypten.«
Jakob geht aufgeregt im Zelt hin und her. Immer wieder schlägt er mit seinem Hirtenstock auf den Boden und ruft: »Nein! Nein! Nein!«
»Reg dich doch nicht jedesmal so auf, wenn wir von Benjamin reden, Vater«, sagt Juda. »Überlegen wir einmal ganz ruhig: Als wir mit dem Korn von Ägypten nach Hause gekommen sind, da hast du gesagt: Ich laß Benjamin nicht mit euch reisen! Also sind wir hiergeblieben. Denn der Ägypter hat ausdrücklich befohlen: Ihr dürft nicht ohne euren Bruder zurückkommen. Und jetzt ist schon mehr als ein halbes Jahr vergangen. In zwei, drei Wochen ist alles Getreide aufgebraucht. Es bleibt uns also gar nichts anderes übrig, als uns wieder auf den Weg zu machen. Ganz abgesehen davon, daß Simeon immer noch im Gefängnis auf uns wartet.«

»Warum habt ihr dem Ägypter überhaupt gesagt, daß ihr noch einen Bruder habt?« jammert Jakob.
»Er hat uns über die ganze Familie ausgefragt«, antwortet Ruben. »Da haben wir ihm eben die Wahrheit gesagt. Wir konnten doch nicht wissen, daß er uns befiehlt, Benjamin mitzubringen.«
Da mischt sich Juda ins Gespräch ein: »Vertrau mir doch den Benjamin an, Vater! Ich verspreche dir, daß ich ihn beschütze. Und wenn ich ihn dir nicht zurückbringe, dann will ich die ganze Schuld auf mich nehmen.«
Jakob zögert.
»Wenn du den Benjamin nicht mit uns gehen läßt«, sagt Ruben, »dann verhungern wir alle: Unsere Kinder, unsere Frauen, unsere Knechte, du, wir — und auch der Benjamin.«
»Gut«, sagt Jakob leise. »Wenn es nicht anders geht: nehmt ihn mit. Aber bringt dem Ägypter Geschenke mit. Wir haben ja noch ein wenig Vorräte von dem, was in unserem Land wächst: Honig, Pistaziennüsse, Mandeln und kostbare Harze. Die schätzen die Ägypter ganz besonders. Und nehmt genug Geld mit! Und gebt auch das Silber, das in euren Säcken gewesen ist, zurück. Sicher ist das ein Versehen gewesen!«
Eine Woche später machen sich die Brüder auf den Weg. Jakob umarmt sie. Zuletzt küßt er Benjamin.
»Ich will zu Gott beten, daß der Ägypter mit euch Erbarmen hat«, sagt er. »Und daß ihr gesund mit Simeon und Benjamin wieder zurückkommt.«
Jakob steht vor dem Zelt und winkt. Über sein runzliges Gesicht laufen ihm die Tränen in seinen weißen Bart.
Er denkt an Josef, der auch eines Tages nicht mehr zurückgekommen ist.
»Muß ich wohl alle meine Kinder verlieren?« murmelt er.

Josef hat an der Straße, die von Kanaan kommt, Beobachter aufstellen lassen. Seit Monaten wartet er auf die Rückkehr seiner Büder. Endlich meldet ihm einer der Späher: »Die Männer, die du erwartest, sind heute über die Grenze gekommen. Es sind zehn. Auch der Jüngste, den du uns beschrieben hast, ist dabei.«
Josef läßt seinen Hausverwalter kommen.
»Wenn die Männer aus Kanaan ankommen, dann fange sie auf der Straße ab und laß sie direkt in meinen Palast führen. Sie sind zum Essen meine Gäste.«

Wenige Tage später kommen die Brüder in die Hauptstadt. Benjamin staunt. »Was ist das für eine seltsame Steinfigur dort?« fragt er. »Das ist

ja ein Mensch mit einem Katzengesicht!«
»Das ist ein ägyptischer Gott!« antwortet Juda.
»Und was ist das dort für ein seltsamer Kasten, den vier Männer tragen?«
»Das ist eine Sänfte. Die vornehmen Ägypter lassen sich durch die Stadt tragen, damit sie nicht auf dem Boden gehen müssen.«
»Haben sie Angst vor dem Staub?« will Benjamin wissen.
»Das vielleicht auch«, sagt Ruben. »Aber vielmehr noch fürchten sie sich, mit den Füßen den gleichen Boden zu berühren, auf dem Fremde wie wir gegangen sind. Ihre Götter erlauben nicht, daß sie mit solchen, die an andere Götter glauben, in Berührung kommen.«
»Und was ist das für ein großer Platz dort?«
»Da müssen wir auf das Getreide warten.«
»Und der Palast dort?«
»Da wohnt der mächtige ägyptische Herr, der verlangt hat, daß du mitkommst!«
Während die Brüder noch reden, stellt sich ihnen ein vornehm gekleideter Mann in den Weg.
»Seid ihr die Männer aus Kanaan, die ihren Bruder mitbringen sollen?« will er wissen.
»Ja, Herr«, antwortet Ruben.
»Dann kommt mit!« befiehlt der Hausverwalter.
Der Mann führt die Brüder zum Palast Josefs. Erschrocken folgen sie ihm.
»Was hat der wohl mit uns vor?« flüstert Benjamin.
»Es ist bestimmt wegen des Geldes in unseren Säcken«, gibt Ascher zur Antwort. »Ihr werdet sehen: Wenn wir erst im Palast sind, fallen die Soldaten über uns her. Sie nehmen uns unsere Esel weg und machen uns zu Sklaven!«
Um den Palast des Josef zieht sich eine Mauer. Vor dem Tor weist der Hausverwalter auf ein paar Palmen.
»Bindet eure Esel fest!« befiehlt er.
»Entschuldige, Herr!« sagt Ruben. »Aber wir sind schon früher einmal hier gewesen. Wir haben Getreide gekauft. Und als wir dann auf dem Heimweg die Säcke aufgemacht haben, ist das Geld, das wir bezahlt hatten, dringelegen. Wir haben es aber wieder mitgebracht.«
Ruben langt in sein Gewand. Er öffnet seinen Gürtel.
»Schau, Herr!« sagt er, »da ist das Geld. Und das andere Silber, das drin ist, das ist für das Getreide, das wir jetzt kaufen wollen.«
»Schon gut«, sagt der Hausverwalter. »Ich brauche euer Geld nicht. Ich habe es bekommen.«

»Aber wer hat es denn in unsere Säcke gelegt?«
Der Hausverwalter zuckt die Achseln. »Vielleicht hat Gott es so gewollt.«
Verwirrt binden die Brüder die Esel an die Stämme der Palmen. Sie laden die Säcke mit den Geschenken ab. Vorsichtig folgen sie dem Hausverwalter in den großen Hof. Neben dem Tor stehen Wachsoldaten. Mißtrauisch drücken sich die Brüder an ihnen vorbei. Juda hält Benjamin an der Hand. Mit der andern umklammert er fest seinen Hirtenstock. »Wenn sie uns angreifen«, denkt er, »dann verteidige ich Benjamin. Ich habe es dem Vater versprochen!«
Aber die Soldaten rühren sich nicht.
»Wartet hier!« befiehlt der Hausverwalter. Er geht über den Hof und verschwindet im Palast.
Verloren und ängstlich stehen die Brüder im großen Hof. Sklavinnen mit Wasserkrügen auf dem Kopf gehen an ihnen vorbei. Sie singen ein Lied. Im Garten, der sich neben dem Palast ausdehnt, arbeiten Gärtner. Sie begießen Blumen und Sträucher. In ein großes Becken plätschert Wasser. Bunte Vögel fliegen zum Teich und trinken.
Jetzt kommt der Hausverwalter zurück. Neben ihm geht ein Mann.
»Simeon!« ruft Levi.
Die Brüder umarmen Simeon.
»Gut siehst du aus!« sagt Ruben.
»Es ist gar nicht so schlimm gewesen im Gefängnis!« antwortet Simeon. »Ich habe jeden Tag einen Spaziergang machen dürfen. Arbeiten habe ich nicht gemußt, dafür aber viel zu essen bekommen. Und nachts habe ich sogar in einem Bett schlafen dürfen!«
»Ich möchte auch ins Gefängnis«, sagt Benjamin.
»Kommt mit!« befiehlt der Verwalter.
Sie betreten den Palast. Sie durchqueren eine große Halle mit hohen Säulen. Ruben schrickt zusammen. Neben ihm steht ein Löwe mit aufgerissenem Maul.
»Er ist aus Stein«, beruhigt ihn der Verwalter.
»Aber er ist so angemalt, daß er wie lebendig aussieht!« stammelt Juda.
Sie gehen eine breite Treppe hinauf. Ascher zögert.
»Stürzt das Haus gewiß nicht zusammen?« fragt er.
Der Verwalter schüttelt den Kopf.
»Wir sind noch nie in einem Haus gewesen, das über der Erde noch ein Stockwerk hat«, sagt Ascher.
»Dieses Haus hat sogar zwei Stockwerke über dem Boden!« antwortet der Verwalter und führt sie in ein kleines Zimmer. Auf dem Boden stehen Becken voll Wasser.

»Ich lasse euch jetzt allein«, sagt der Verwalter. »Ihr könnt eure Füße waschen. Ich sorge dafür, daß die Esel gefüttert werden.«
Die Brüder waschen sich. Dann breiten sie ihre Geschenke auf dem Boden aus: die Krüglein mit Honig, die kleinen Körbe mit Pistaziennüssen, Mandeln und Harzen. Dann warten sie ängstlich.
Manchmal hören sie Schritte vor der Tür vorbeigehen. Eine befehlende Stimme hallt durch den Palast. Dann ist es wieder still. Nur das Summen der Fliegen hört man.
Da endlich geht die Tür auf. Ein Offizier kommt herein.
»Der Stellvertreter des Pharao, der mächtige Zafenat-Paneach erwartet euch!«
Juda nimmt Benjamin an der Hand. Der Offizier führt die Brüder durch den Palast. In der Mitte eines großen Zimmers steht ein Sessel. Dort sitzt der Ägypter. Neben ihm steht der Dolmetscher.
Die Brüder werfen sich vor ihm auf den Boden.
»Steht auf!« befiehlt Josef.
»Steht auf!« übersetzt der Dolmetscher.
Die Brüder drängen sich zusammen. Juda steht mit Benjamin ganz hinten.
»Wie ist es euch auf eurer Reise ergangen?« fragt Josef.
»Wie ist es euch auf eurer Reise ergangen?« sagt der Dolmetscher.
Ruben erzählt alles. Auch das von dem Geld und von den Geschenken, die sie mitgebracht haben.
Josef nickt. »Und wie geht es eurem alten Vater, von dem ihr mir erzählt habt?« will er wissen. »Lebt er noch?«
»Unserem Vater geht es gut«, antwortet Ruben.
Wieder verneigen sich die Brüder und werfen sich auf den Boden.
Jetzt sieht Josef ganz hinten Benjamin.
»Das dort«, sagt er und zeigt auf ihn, »das ist also der Jüngste, von dem ihr mir erzählt habt?«
»Ja, Herr, das ist Benjamin.«
»Gott soll dich segnen, Benjamin«, sagt Josef leise. Mehr bringt er nicht heraus. Schnell steht er auf. Er eilt durch den Saal und geht zur Tür hinaus. In seinem Privatzimmer wirft er sich auf das Bett und weint. Lange liegt er da. Immer wieder schüttelt es ihn. Endlich steht er auf. Er wäscht sich das Gesicht und geht zurück.
»Tragt das Essen auf!« befiehlt er den Dienern. Sie gehen ins Eßzimmer. Drei Tische stehen da, zwei große und ein kleiner. An einem der großen Tische stehen vornehme Ägypter. Sie verbeugen sich tief vor Josef.
»Das sind Gäste Zafenat-Paneachs«, erklärt der Dolmetscher den Brüdern. »Mein Herr lädt zu jedem Essen Beamte und Geschäftsleute ein. So

bleibt er mit dem Volk immer im Gespräch. Das dort ist euer Tisch. Die Ägypter essen nicht mit Fremden am gleichen Tisch. Die Götter lassen das nicht zu.«
Josef setzt sich allein an den kleinen Tisch.
Jetzt tragen die Diener Schüsseln und Platten auf. Sie sind gefüllt mit Fleisch, Gemüse, Pasteten und knusprigen Broten.
Ascher greift mit den Händen in eine Platte.
»Mach, daß du deine Pfoten zurückziehst«, zischt Simeon. »Man wartet, bis der Herr angefangen hat.«
»Woher weißt du das?« fragt Ascher erstaunt.
»Das habe ich im Gefängnis gelernt«, antwortet Simeon stolz.
Jetzt passen die Brüder ganz genau auf, wie die Ägypter essen. Dann machen sie ihnen alles nach. Wenn einer trotzdem einen Fehler macht, weist ihn Simeon zurecht:
»Stopf den Mund nicht so voll, Dan!«
»Trink nicht wie eine Kuh, Levi!«
»Iß langsam, Issaschar!«
Der Diener, der Josef bedient, bedient auch Benjamin. Immer wieder füllt er ihm den Teller.
»Ich glaube, Zafenat-Paneach hat Freude an Benjamin«, flüstert Ruben. »Wenn der Diener uns ein Stück Fleisch auf den Teller legt, bekommt Benjamin fünf Stück. Und beim Gemüse und den Pasteten ist es dasselbe.«
Josef trinkt aus einem schönen silbernen Becher Wein. Immer wieder hebt er den Becher gegen Benjamin. Benjamin und die Brüder trinken ebenfalls. Sie werden immer fröhlicher. Längst haben sie keine Angst mehr. Sie lachen, und auch Josef lacht.
»Das ist wirklich ein guter Mann, dieser Zafenat-Paneach«, sagt Levi.
»Mir ist nur rätselhaft, warum er uns zum Essen eingeladen hat«, antwortet Ruben. »Ein so hoher Herr — und wir: elf einfache Hirten aus Kanaan! Da stimmt doch etwas nicht!«
Aber die andern hören nicht auf ihn. Der Wein hat sie sorglos gemacht.
Endlich ist das Essen zu Ende. Es hat fast den ganzen Nachmittag gedauert.
Jetzt verläßt Josef das Eßzimmer. Die Ägypter verneigen sich, und die Brüder werfen sich auf den Boden.
»Gegenüber dem Palast ist eine Herberge«, sagt der Dolmetscher. »Ich habe dort ein Nachtlager für euch bestellt. Morgen könnt ihr das Korn holen. Ihr braucht nicht mehr ins Amtshaus zu gehen. Das Geld habt ihr ja mit den Geschenken bereits im Zimmer bereitgelegt. Und dann könnt

ihr alle wieder nach Hause gehen. Mein Herr weiß jetzt, daß ihr keine Spione seid.«
»Aha«, sagt Ascher und lacht. »Der Herr Zafenat-Paneach hat uns nur eingeladen, damit er sieht, was für anständige Leute wir sind!«
Jetzt sind die Brüder erst recht fröhlich. Unbeschwert schlendern sie noch durch die Stadt. Als es dunkel wird, singen sie ein Lied aus der Heimat.
»Macht, daß ihr ruhig seid, ihr fremdes Gesindel!« ruft ein verschlafener Ägypter unter einer Haustür. »Sonst rufe ich die Wache!«
Da gehen die Brüder in die Herberge.
Josef aber befiehlt noch in der gleichen Nacht seinem Hausverwalter: »Sorge dafür, daß mein silberner Becher im Kornsack des jüngsten Bruders, des Benjamin, versteckt wird!«

Das Wiedersehen

1. Mose 44-47, 12

Vorbemerkungen

Beim *Geld,* das den Brüdern wiederum in die Säcke gelegt wurde, handelt es sich um einen späteren Zusatz. Es wird beim Öffnen der Säcke nicht erwähnt.
Der *Becher* des Josef war ein Weissagungsbecher: Man warf kleine Gegenstände in ihn, um aus der Wirkung, die sich dadurch in der Flüssigkeit zeigte, verborgene Hinweise auf die Zukunft zu deuten. Der Brauch ist mit dem noch heute geübten »Bleigießen« vergleichbar. Ein solcher Becher galt als heiliger Gegenstand, zu dem der Besitzer ein besonderes Verhältnis hatte und den »unreine Hände« nicht berühren durften. Ähnliches kann man auch heute noch beobachten. Pendler geben ihr Pendel nicht aus der Hand. Geschieht es doch, so muß es gereinigt werden. Der Diebstahl eines solchen heiligen Gegenstandes galt in alter Zeit als ein besonders schweres Verbrechen, das mit dem Tod bestraft wurde.
In Vers 16 bekennt Juda seine und seiner Brüder *Schuld.* Es ging jetzt aber nicht mehr um den Becher, sondern um den Verkauf Josefs vor vielen Jahren. Jetzt war diese Schuld ans Licht gekommen und konnte vergeben werden. Damit konnte der Erzähler auch Gottes verborgene Wege zeigen: Nicht der Haß der Brüder hatte Josef nach Ägypten gebracht. Sondern Gott hatte dieses Unrecht zugelassen, allein zum Zweck, Leben

zu erhalten. Diese Glaubensauffassung spiegelt sich auch in der Weisheitsliteratur Israels (vgl. besonders das biblische Buch der Sprüche). Erst das Buch Hiob stellte diese schöne, aber manchmal auch zu einfache Vorstellung in Frage.
Das *Land Goschen* wird mit dem heutigen Wadi Tumalit identifiziert, das die Landgrenze zwischen Port Said und Suez in ostwestlicher Richtung durchzieht. Eine ägyptische Quelle berichtet einen ähnlichen Vorgang: Um 1220 hatte der Pharao Merenptah edomitischen Beduinen erlaubt, sich im Land Goschen anzusiedeln, um sich und ihre Herden am Leben zu erhalten.
Die *Wagen,* auf denen die Brüder zurückreisen, muß man sich als zweirädrige Planwagen vorstellen, wie man sie heute noch in südlichen Ländern sieht. Sie wurden von Menschen oder von Eseln, jedoch nicht von Pferden gezogen.

Erzählung

Es ist noch dunkel, als der Wirt die Brüder weckt. Verschlafen starren sie in die Flamme der Öllampe.
»Zeit zum Aufstehen, meine Herren«, sagt der Wirt und verbeugt sich. Er hat Respekt vor den Brüdern, weil der Hausverwalter des Zafenat-Paneach die Schlafplätze bestellt hat.
Die Brüder stehen auf. Sie gähnen und stöhnen. Sie spüren noch den Wein vom gestrigen Essen. Sie tauchen ihre Köpfe in die Wasserbecken, die der Wirt gebracht hat. Jetzt fühlen sie sich frischer. Sie essen Brot, trinken Wasser, und dann holen sie ihre Säcke bei den Kornspeichern. Sie sind schon gefüllt und zugebunden.
Als die Sonne aufgeht, verlassen die Brüder die Hauptstadt.
»Das ist ja alles viel besser gegangen, als ich gedacht habe«, sagt Ruben. Er stimmt ein Lied an. Die andern fallen ein.
Da hören sie hinter sich Pferdegetrappel und das Holpern eines Wagens.
»Aus dem Weg! Aus dem Weg!« ruft der Wagenlenker. Die Brüder zerren ihre Esel an den Wegrand. Der Wagen rast an ihnen vorbei. Jetzt hält er an. Staub wirbelt auf. Neben dem Wagenlenker steht der Hausverwalter. Er springt vom Wagen. Er kommt auf die Brüder zu. Zornig schaut er sie an.
»Mein Herr hat euch gestern bewirtet«, sagt er. »Wie vornehme Ägypter hat er euch behandelt. Aber statt ihm dankbar zu sein, habt ihr ihn bestohlen! Ihr habt den silbernen Becher mitgenommen, aus dem mein Herr jeden Tag trinkt!«

Ruben schüttelt den Kopf.
»Nein, Herr«, sagt er. »So etwas Gemeines würde keiner von uns tun. Wir sind doch keine Diebe! Das Geld, das das letzte Mal in unseren Säcken gewesen ist, haben wir zurückgebracht. Wie sollten wir da von deinem Herrn den Becher oder sonst etwas stehlen?«
»Der Becher ist verschwunden«, sagt der Verwalter. »Und zwar seit dem Augenblick, da ihr das Haus verlassen habt!«
»Das ist schon möglich«, antwortet Ruben. »Aber von uns hat ihn bestimmt keiner mitgenommen. Du kannst alles durchsuchen. Und wenn du den Becher bei einem von uns findest, dann soll der, bei dem er ist, dein Sklave sein. Und wir alle andern auch.«
»Gut«, antwortet der Verwalter. »Wer den Becher hat, kommt mit mir zurück. Die andern können heimgehen.«
Die Brücker nicken.
»Ladet die Säcke ab!« befiehlt der Hausverwalter.
Die Brüder stellen die Säcke auf den Boden. Ruben öffnet seinen Sack. Der Hausverwalter greift hinein. Er wühlt mit der Hand im Korn. Er schüttelt den Kopf und geht zum Sack des Simeon. Aber er findet nichts. Er wühlt im Sack des Levi. Wieder nichts.
So geht er von einem zum andern. Aber der Becher ist nicht da.
»Ich habe dir doch gesagt, Herr, daß wir den Becher nicht haben«, sagt Ruben. »Vielleicht hat ihn jemand anders aus Versehen mitgenommen. Oder ein Diener hat ihn verlegt. Nein, bei Benjamin wirst du ihn bestimmt auch nicht finden. Er ist der Jüngste von uns und er... und er...«
Ruben kann nicht mehr weiterreden. Der Hausverwalter hat aus Benjamins Sack den silbernen Becher gezogen. Er hält ihn in die Höhe.
»Nicht nur gestohlen habt ihr«, sagt er, »sondern mich auch noch schändlich belogen!«
Die Brüder bringen kein Wort heraus. Sie sind kreideweiß. Sie laden ihre Säcke auf die Esel. Sie trotten zurück in die Stadt. Hinter ihnen fährt der Hausverwalter auf seinem Wagen.
Sie kommen zum Palast. Sie gehen durch den Hof. Sie schleppen sich durch die Gänge. Sie kommen in den großen Saal. Josef sitzt auf seinem Sessel. Sie fallen vor ihm auf den Boden. Ganz vorne liegen Juda und Benjamin.
»Was habt ihr euch eigentlich gedacht?« fragt Josef.
»Was habt ihr euch eigentlich gedacht?« übersetzt der Dolmetscher.
»Ihr hättet doch wissen müssen, daß man so etwas mit einem Mann wie mir nicht machen kann!«

Die Brüder stehen auf. Mit gesenkten Köpfen stehen sie da. Juda zuckt die Schultern.
»Ich weiß nicht, Herr, was ich zu all dem sagen soll«, stammelt er.
Lange Zeit ist es still. Dann sagt Juda leise: »Wir alle, meine Brüder und ich, tragen eine große Schuld mit uns herum. Und jetzt hat Gott diese Schuld ans Licht gebracht. Wir können es nicht mehr leugnen. — Darum ist nicht nur Benjamin dein Sklave. Sondern wir alle sind deine Sklaven.«
Josef schüttelt den Kopf.
»Nein«, sagt er. »Ihr seid nicht schuld. Ihr habt ja nichts Böses getan. Nur der Jüngste. Ich bin ein gerechter Herr. Ich will nur den als Sklaven haben, bei dem der Becher gefunden worden ist. Ihr andern könnt zu eurem Vater zurückgehen.«
»Nein, Herr«, erwidert Juda. »Ich habe nicht den Becher gemeint, als ich vorher gesagt habe, daß wir alle schuldig sind. Aber damit du verstehst, was ich meine, muß ich dir alles ganz genau erzählen.«
Josef nickt und gibt Juda mit der Hand ein Zeichen, daß er weiterreden soll.
»Du hast doch, Herr, das letzte Mal nach unserem Vater und nach unserem jüngsten Bruder gefragt. Da haben wir gesagt, daß wir noch einen Bruder gehabt haben, daß er aber tot sei. Dieser Bruder hat Josef geheißen. Und an dem haben wir ein großes Unrecht begangen. Wir haben ihn nämlich vor vielen Jahren an fremde Kaufleute als Sklaven verkauft. Aber dem Vater haben wir nichts davon gesagt. Darum hat uns der Vater den Benjamin auch nicht mitgeben wollen. Er hat gesagt: Ich habe schon einen Sohn verloren. Und jetzt wollt ihr mir auch noch den Benjamin nehmen. Ich bin ein alter Mann, und wenn ihm etwas zustößt, dann überlebe ich das nicht.«
Josef fährt sich mit der Hand über die Augen.
»Schau, Herr«, sagt Juda. »Wenn wir jetzt zurückkommen ohne Benjamin, dann stirbt unser Vater vor Kummer. Und dann laden wir noch einmal Schuld auf uns. Außerdem habe ich die Verantwortung für Benjamin übernommen. Darum, Herr: Nimm mich als Sklaven und laß Benjamin nach Hause gehen!«
Juda sinkt vor Josef auf die Knie.
Ganz still ist es im Saal.
Josef stützt seinen Kopf in die Hände. Es sieht aus, als ob er nachdächte. Er murmelt einen Befehl. Da verlassen alle Ägypter den Saal: der Hausverwalter, der Dolmetscher, die Diener und Soldaten.
Jetzt fängt Josef an zu weinen.
Betroffen starren ihn die Brüder an.

Josef steht auf. Er geht auf die Brüder zu.
»Ich... ich bin euer Bruder«, sagt er. »Ich bin Josef.«
Wie versteinert stehen die Brüder da. Sie bringen kein Wort heraus.
»Ich bin euer Bruder!« wiederholt Josef. »Ich bin es, den ihr nach Ägypten verkauft habt.«
Noch immer starren die Brüder ihn an.
»Ihr braucht keine Angst zu haben. Ich bestrafe euch nicht«, sagt Josef. »Zwar habt ihr mich gehaßt. Aber es ist nicht euer Haß gewesen, der mich nach Ägypten gebracht hat. Sondern Gottes Liebe hat mich hierher geführt. Denn durch mich hat Gott das Leben vieler Menschen retten wollen.«
Die Brüder stammeln etwas. Jetzt fangen sie an zu lachen und zu weinen. Beides miteinander. Josef umarmt einen nach dem andern.
Vor der Tür lauschen die Diener und die Soldaten. Der Dolmetscher übersetzt ihnen alles, was Josef sagt. Da fangen auch die Diener und die Soldaten an zu weinen und zu lachen. Bald erzählt man sich die Geschichte im ganzen Haus, und am Nachmittag weiß sie auch der Pharao. Er läßt Josef zu sich rufen, und Josef muß ihm alles noch einmal erzählen.
»Gib deinen Brüdern so viel Korn mit, wie ihre Tiere tragen können«, befiehlt der Pharao. »Dann sollen sie nach Kanaan gehen und mit ihrem Vater und ihren Familien hierher zurückkommen. Sie dürfen im fruchtbarsten Gebiet von Ägypten wohnen. Gib ihnen auch Wagen mit für ihre Frauen und Kinder und den alten Vater, damit er bequem reisen kann. Ihren Hausrat können sie in Kanaan zurücklassen. Sie brauchen hier keine Zelte. Ich will ihnen Häuser bauen lassen und Felder geben.«
Die Brüder wohnen für ein paar Tage in Josefs Haus. Sie schlafen in Betten. Sie essen an Tischen. Josef stellt ihnen seine Frau und seine Söhne Efraim und Manasse vor. Er schenkt jedem von ihnen ein Festkleid. Benjamin bekommt gleich fünf Kleider und dazu noch einen Beutel mit Silberstücken. Für den Vater läßt Josef zehn Esel mit Gold, Silber und vielen andern Kostbarkeiten beladen.
Die Brüder machen sich auf den Weg. Diener mit Wagen begleiten sie. Josef geht mit ihnen bis an den Stadtrand. Er winkt ihnen zum Abschied.
»Streitet nicht unterwegs!« ruft er ihnen nach.

Jakob traut seinen Augen nicht, als er den langen Zug auf sein Zelt zukommen sieht. Die Brüder lassen die Esel auf dem Weg stehen und rennen in ihren Festgewändern auf Jakob zu. Alle reden durcheinander.
»Josef lebt, Vater!«
»Wir haben ihn gesehen!«

»Er ist verheiratet.«
»Er hat zwei Söhne: Manasse und Efraim!«
»Er ist Herr über ganz Ägypten. Nur der Pharao steht über ihm.«
»Ihr macht euch über euren alten Vater lustig«, sagt Jakob. »Ich glaube euch kein Wort.«
»Doch, es stimmt, Vater!« ruft Benjamin. »Ich habe den Josef gesehen. Er ist wie ein König. Er hat mir fünf Kleider geschenkt. Und dort kommen die Wagen mit Geschenken für dich.«
Jakob bringt kein Wort heraus. Er geht zu den Wagen. Die Ägypter verneigen sich vor ihm. Er schaut sich alles genau an, während die Brüder noch immer reden.
»Kein Wort mehr!« sagt Jakob. »Ich muß nach Ägypten und Josef sehen, bevor ich sterbe.«

Ein paar Wochen später zieht ein langer Zug von Kanaan nach Ägypten. Vieles hat Jakob zurücklassen müssen. Aber einiges hat er doch mitgenommen: Sein Zelt, seine Herden, seine Kleider.
Manche Wochen sind sie unterwegs. Als sie in der Ferne die Hauptstadt sehen, kommt ihnen ein Wagen entgegen. Josef springt von der Plattform und eilt zum Vater. Der Vater umarmt Josef. Lange weint er. Dann sagt Jakob: »Jetzt sterbe ich gern. Ich habe ja meinen Josef wiedergesehen!«
Josef hat dafür gesorgt, daß der Vater, die Brüder und ihre Familien gut untergebracht werden. Eines Tages befiehlt der Pharao, daß alle vor ihm erscheinen sollen. Viele Höflinge haben sich im Thronsaal versammelt und hören zu, wie Jakob dem Pharao aus seinem Leben erzählt. Von seinem Bruder Esau, vom Traum in Bethel, von Lea und Rahel und vom Hirtenleben.
»Es gibt einen fruchtbaren Landstrich in Ägypten«, sagt der Pharao. »Das Land ist besonders gut für Schafe, Ziegen und Rinder. Es heißt Goschen und liegt an der Grenze zwischen Ägypten und Kanaan. Ich gebe dir und deinen Söhnen dieses Land.«
So siedeln sich Jakob und seine Brüder in Goschen an. Bald danach stirbt Jakob.
Auch die Brüder werden älter. Bald sind sie Großväter und Urgroßväter. Auch sie sterben. Was Josef einmal getan hat, gerät in Vergessenheit. Die Nachkommen Jakobs in Goschen sind für die Ägypter Fremde. Sie verachten sie. Sie sagen: »Es sind Ausländer. Sie sollen für uns arbeiten.« So werden die Nachkommen Jakobs zu Sklaven der Ägypter.

Methodische Hinweise

Die methodischen Hinweise sind Anregungen zur Vertiefung einer Erzählung. Damit auch der Schüler seiner Fantasie Ausdruck geben kann, lasse ich oft Szenen oder Personen einer erzählten Geschichte ins Heft, an die Wandtafel oder auf einen großen Papierbogen zeichnen. Das Skizzieren von Landkarten ist für die Unterstufe nicht zu empfehlen.

Hilfsmittel

Hans Witzig: *Zeichnen zur biblischen Geschichte*, Verlag des Schweizerischen Lehrervereins, Zürich.
Überarbeitete Lizenzausgabe für den Vertrieb in Deutschland: Bätz, Mack, Witzig, Testa: *Sachbilder zur Bibel*, Verlage Kaufmann/Kösel.
Diese Arbeitsbücher zur Bibel bieten Sachzeichnungen zu den biblischen Realien und Kartenmaterial. Die Sachzeichnungen sind vereinfachte Darstellungen. Auch wenig Geübte können brauchbare Nachzeichnungen anfertigen für Arbeitsblätter, Folien oder Tafelanschrift. Sämtliche Zeichnungen sind kommentiert, so daß man sich über den Sachzusammenhang schnell informieren kann.
Martin Gotthard Schneider: *Sieben Leben möcht ich haben*, Neue Lieder für Schule, Gemeinde und Familie, Christophorus Verlag, Verlag Ernst Kaufmann (nachfolgend Schneider/Lieder abgekürzt).
Gerd Watkinson (Herausg.): *111 Kinderlieder zur Bibel*, Verlag Ernst Kaufmann, Christophorus Verlag (nachfolgend Watkinson/Lieder abgekürzt).

Das Versprechen s. Seite 14.

— Skizze des Vorderen Orients an Wandtafel und ins Heft

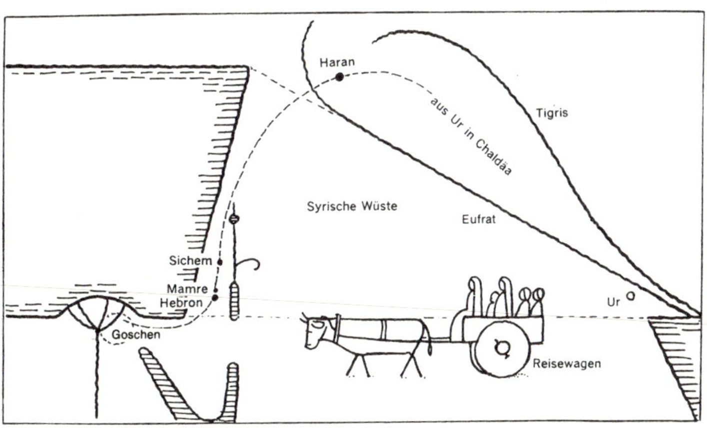

— Skizze Nomadenzelt
— Anfertigen eines Stammbaums der Nachkommen Terachs, wobei Raum für die Namen der erst in den späteren Geschichten vorkommenden Personen freizulassen ist. Die Schüler können zu den Namen Gesichter zeichnen.
— Gespräch über die Bedeutung der Namen Abraham und Sara und der Vor- und Geschlechtsnamen der Schüler. Nach welchen Kriterien wählen Eltern heute die Vornamen ihrer Kinder aus? Wie würden Schüler Kinder benennen?
— Gespräch über den Ausdruck Glauben = Vertrauen. Vertrauen im Alltag: Wem vertrauen wir? (Eltern, Busfahrer, Kamerad. Kannst Du ein Erlebnis erzählen?) Ohne Vertrauen kein Leben. Eventuell Strophen aus Paul Gerhardts »Befiehl du deine Wege« auswendig lernen.
— Schneider/Lieder: »Man sagt, daß du mir nahe bist« Seite 57, Nr. 36
— Watkinson/Lieder: »Ich liege, Herr, in deiner Hut« Seite 17, Nr. 12

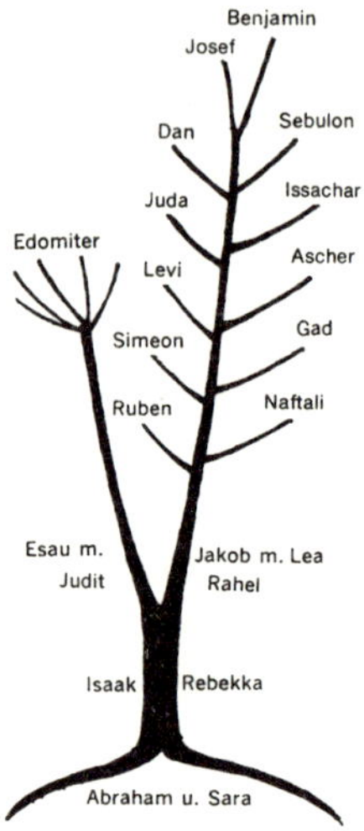

Die Trennung s. Seite 21

— Skizze einer Schafherde mit einem Hirten (ZBG Seite 19), eines Schafs und einer Hirtenausrüstung

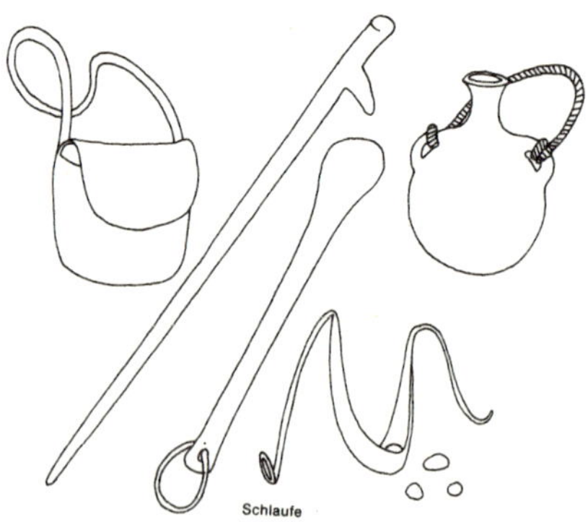

— Zeichnung oder Collage: Abraham unter dem Sternhimmel
— Dias von Mesopotamien und Kanaan
— Sachliche Erklärungen und Gespräch: Nomaden, Hirten und Reisende haben sich nach den Himmelsrichtungen orientiert. Wenn Zeit und Wetter es erlauben, gehen wir mit den Kindern ins Freie und stellen die Himmelsrichtungen fest. Die Sonne steht um 12 Uhr im Süden. Hilfsmittel: Armbanduhr mit Zeiger. Kleiner Zeiger in Richtung Sonne: in der Mitte zwischen kleinem Zeiger und 12 Uhr liegt Süden. Andere Hilfsmittel: Verwitterte Stellen an Bäumen und Häusern deuten auf Westen. Sternhimmel: Polarstern, Norden.
— Watkinson/Lieder: »Abraham«, Seite 33, Nr. 23

Der Besuch s. Seite 27

— Zeichnung der Begegnung Abrahams mit den Fremden
— Skizze eines Backblechs

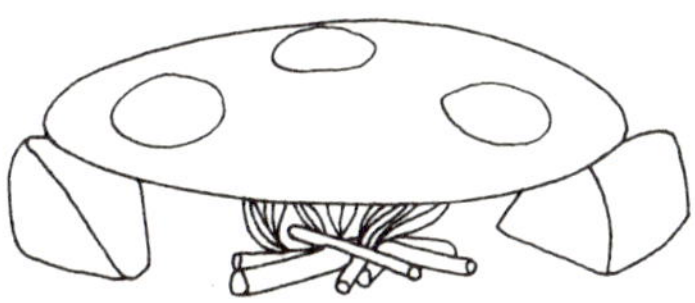

— Gespräch darüber, wie Gott mit den Menschen redet (durch andere Menschen, durch Geschichten, durch Träume, durch die Stimme in uns).

Der Lehrer mag sich überlegen, wie und wann er in seinem Leben Gottes Stimme vernommen hat.
— Schneider/Lieder: »Weißt du, warum?«, Seite 28, Nr. 15

Sodom und Gomorra s. Seite 33

— Information über die historischen Hintergründe der Sodom-Gomorra-Erzählung
— Dias vom Toten Meer oder Bilder aus Reiseprospekten (Bezugsquellen: Reisebüros)
— Skizze der Karte und des Querschnitts Palästinas

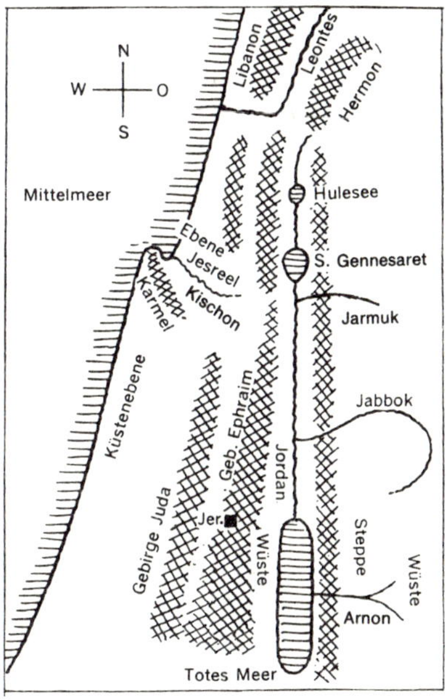

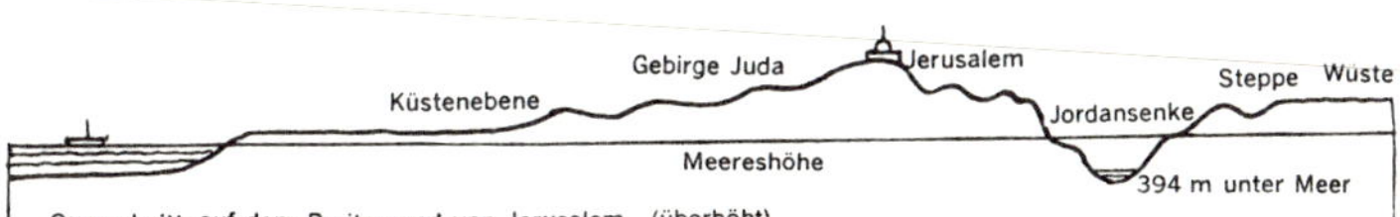

Querschnitt auf dem Breitengrad von Jerusalem (überhöht)

— Erraten von Personen und Handlungen: Ein Schüler oder mehrere Schüler können pantomimisch eine Person oder mehrere Personen in einer Szene aus der Geschichte darstellen. Die andern erraten Person(en) und Szene. (Eignet sich auch gut als Wiederholung von gehörten Erzählungen am Anfang der Stunde.) Schüler können entweder Personen und Szenen selber wählen oder Zettel ziehen, auf denen beides vorgeschrieben ist. Möglichkeiten für diese und die vorausgegangenen Erzählungen: Abraham läßt Lot das Land wählen; Abraham bewirtet die Fremden; Sara lacht; Lot lädt die Fremden zu sich nach Hause ein.

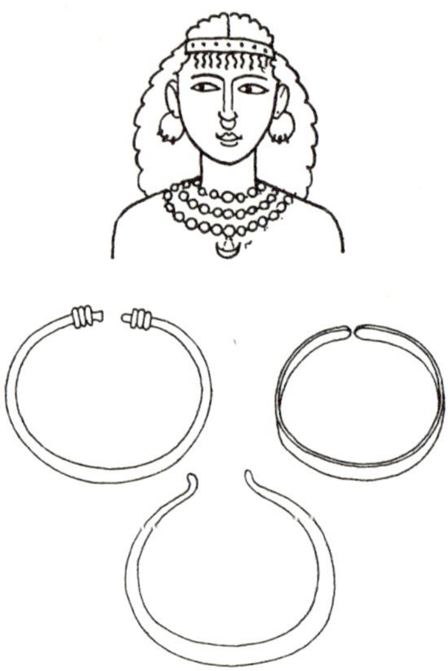

Isaak s. Seite 39

— Skizze Frauenschmuck
— Skizze Kamelkarawane
— Gespräch über Hochzeitsbräuche damals (Vater/Mutter wählten Braut/Bräutigam; Frau kam zur Sippe des Mannes; kein Standesamt; keine kirchliche Trauung; ein Mann konnte mehrere Frauen heiraten) und heute. Schüler versuchen, Gründe für die anderen Sitten herauszufinden.
— Das Leben in der Großfamilie (strenge Einordnung, Schutz). Vor- und Nachteile von Groß- und Kleinfamilie
— Erklärung der Bedeutung des Namens Isaak

Das Linsengericht s. Seite 48

— Gespräch mit Erfahrungsaustausch über: Zwillinge; vorgeburtliches Leben (Bewegungen der Kinder im Mutterleib); Erstgeburtsrecht (und Erbrecht heute); Bevorzugung von Geschwistern (eventuell als Soziodrama: Schüler

spielen Eltern und Geschwister beim Mittagessen. Tochter beklagt sich, daß Sohn bevorzugt wird, und umgekehrt.
— Pantomimische Darstellung von Personen und Szenen, zum Beispiel: Esau und Jakob streiten; Rebekka bevorzugt Jakob; Isaak bevorzugt Esau, Jakob als Hirte, Esau als Jäger; Jakob kocht; Esau kehrt von der Jagd heim; Esau schwört; Esau ißt die Linsensuppe.
— Flanellbild: Schüler schneiden Figuren aus: Isaak, Rebekka, Esau, Jakob, Zelte, Schafe, Bäume, Wolken. Auf dem Flanell wird eine Szene dargestellt. (Eignet sich auch gut als Repetition [Wiederholung] vor einer neuen Erzählung.)
— Wo es möglich ist, kann man miteinander Linsen kochen und sie mit Würstchen essen.

Der Segen s. Seite 54

— Erraten von Personen und Handlungen: Der blinde Isaak; Jakob zieht Esaus Kleider an; Jakob bringt Isaak das Essen; der Segen; Esau bei Isaak.
— Spielen einer Szene: Sehr gut eignet sich die Szene, in der Jakob im Zelt Isaaks ist. Der Lehrer kann die Szene nochmals erzählen. Zwei Schüler spielen sie stumm.
— Tastsinn: Ein Schüler, dem die Augen verbunden sind, muß mittels Tasten Gegenstände und Mitschüler erraten
— Sachliche Erklärungen und Gespräch: Blinde sehen nichts, hören aber um so besser, und ihre Finger ersetzen ihnen bis zu einem gewissen Grad die Augen. Evtl. Hinweis auf Braille, den Erfinder der Blindenschrift. Mit Nadel Punkte in Halbkarton stechen, um das Prinzip der Blindenschrift zu zeigen. (Oft kommt von den Schülern der Einwand: »Das mit dem Umbinden der Fellstreifen ist doch unmöglich! So etwas hat doch der Vater gemerkt, auch wenn er blind war.« — Bei solchen und ähnlichen Fragen versuche ich, mit den Schülern zu ergründen, warum der Erzähler die Geschichte trotzdem so erzählt hat. Was wollte er damit sagen?)
— Segen: Was will der Wunsch »Glück und Segen im neuen Jahr!« sagen? Der Segen im Gottesdienst (evt. Hefteintrag des Aronitischen Segens 4. Mose 6,24-26). Das Handauflegen: Wie deuten wir diese Geste?

Die Himmelsleiter s. Seite 60

— Zeichnung: Jakobs Traum
— Geld: Aufbewahren von Geld in biblischer Zeit (im Gürtel; Lehrer kann Münzen in ein Tuch einwickeln und das Tragen des Geldes um die Hüften demonstrieren) und heute (Portemonnaie, Kasse, Geldschrank, Safe). Geld als Zahlungsmittel: Ganz früher kannte man keine Münzen. Silber und Gold wurden gewogen. Auch heute haben Münzen noch ein bestimmtes Gewicht. Eventuell alte Münzen mitnehmen.
— Reisen damals und heute: Fortbewegungsmittel (zu Fuß, Reittiere, Sänfte, Schiffe). Wie weit wandert man an einem Tag zu Fuß? Was erlebt man auf einer Fußwanderung anders als bei einer Autofahrt? — Städte in alter Zeit: Stadtmauern, enge Gassen, keine Kanalisation, Wasser.
— Engel: Wie soll man sie sich vorstellen? Brauchen sie Flügel? Bild für Gottes Gedanken
— Öl als Nahrungsmittel, als Kosmetikmittel, als Heilmittel (Salben)
— Stammbaum vervollständigen

Lea und Rahel s. Seite 65

— Gespräch über Hausgötter: Abbilder unsichtbarer Gottheiten, vergleichbar mit Kultgegenständen und Amuletten unserer Zeit (Kruzifixe, Kreuze, Kirchenfenster). Es besteht kein Grund, abschätzig über diese alten Hausgötter zu urteilen. Der Monotheismus kam in Israel erst viel später auf.
— Skizzen Götterfigürchen
— Skizze Einraumhaus

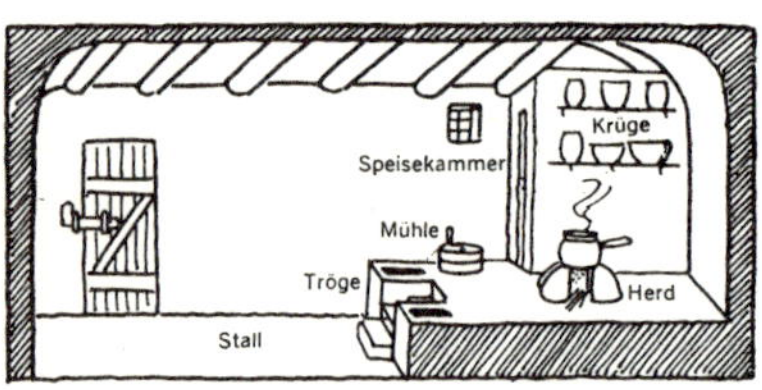

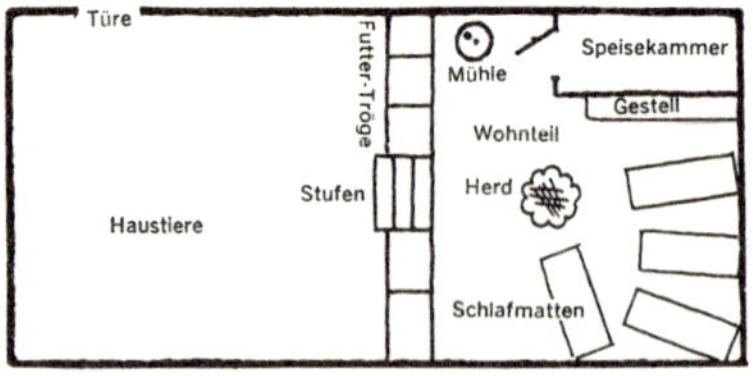

Jakobs Wohlstand s. Seite 72

— Vervollständigen des Stammbaums. Es ist nicht zu erwarten, und auch nicht nötig, daß die Kinder alle Namen von Jakobs Söhnen behalten. Einige sind jedoch hinsichtlich der späteren Stämme wichtig: Juda, Levi (der Priesterstamm, der kein Land besaß) und Benjamin, wobei er in dieser Geschichte noch nicht vorkommt. Der Josefstamm teilt sich auf in die beiden Söhne Josefs Manasse und Efraim. Nach dem Stamm Juda benennt sich noch heute das Volk: Juden.
— Rätsel: Folgende zwölf Namen sind — vertikal und horizontal, auch rückwärts und von unten nach oben geschrieben — im Buchstabenquadrat versteckt:

Verwandtschaften

		10					2		9	
3	B	O	K	A	J	S	A	R	A	7
	P	A	U	L	N	A	B	A	L	6
	S	U	E	F	A	S	R	I	E	
1	R	E	B	E	K	K	A	L	A	
8	I	S	I	S	R	A	H	E	L	
	M	A	T	O	L	K	A	R	L	5
	N	U	R	J	M	A	M	M	A	
	I	C	H	N	O	E	M	I	S	11
12	D	U	I	S	M	A	E	L	T	
				4						

1. Isaaks Frau
2. Saras Mann
3. Isaaks Mutter
4. Benjamins Bruder
5. Abrahams Neffe
6. Leas Vater
7. Rubens Vater
8. Labans jüngere Tochter
9. Rahels Schwester
10. Jakobs Bruder
11. Josefs zweitältester Halbbruder
12. Isaaks Halbbruder

Die Heimkehr s. Seite 78

— Musik und Musikinstrumente: Ursprünglich war Musik nichts anderes als eine Nachahmung von Naturgeräuschen oder eine Lärmentfaltung zur Überraschung von Tieren und zur Abschreckung und Vertreibung von Feinden. Wir ahmen solche Geräusche nach (Säuseln des Windes, Brausen des Windes, Donner, Pfeifen der Vögel usw.). Was für Musikinstrumente mahnen uns an welche Naturerscheinungen oder Tierlaute? Biblische Musikinstrumente: Harfe, Leier, Laute, Pauken, Schlagzeug (Handpauke, Tamburin, Schellen, Zimbeln), Flöte, Hörner, Trompete, Gesang

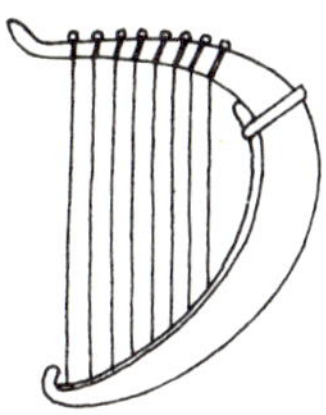

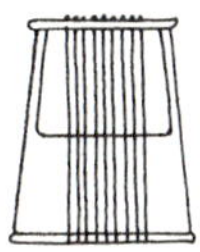

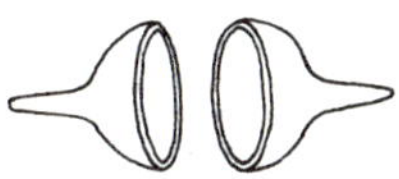

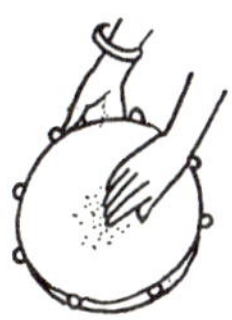

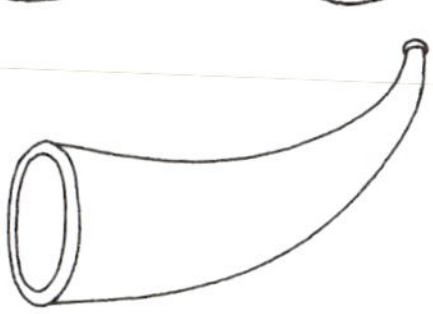

— Hörspielszene: Klasse und Lehrer einigen sich auf eine, zwei oder drei Szenen. Man bespricht kurz den Ablauf, geht aber nicht auf Einzelheiten ein. Dann werden die Szenen — mit möglichst viel Geräuschen und Dialogen — gespielt und auf Tonband aufgenommen. Einer kann den Erzähler mimen. Ein Kassettenrekorder genügt. Wir haben in einer Klasse die Szene »Laban sucht den Hausgott« gespielt. Das Stück war spannend, und das Abhören hat viel Spaß gemacht. Es hat sich gezeigt, daß — je nach Klasse — die Zeit von einer Stunde für eine Szene oder höchstens zwei Szenen reicht. Zwei Schüler waren nur für die Geräusche verantwortlich: Schritte, Wühlen in der Truhe, Wegräumen von Gegenständen, ferne Stimmen. Die Geräuschnachahmer müssen schnell auf alles, was die Personen oder der Erzähler erwähnen, eingehen können. Die dafür nötigen Gegenstände sind spontan aus dem Inventar des Klassenzimmers requiriert worden.

Die Versöhnung s. Seite 83

— Zeichnung: Wandzeichnung von der Begegnung Jakobs mit Esau
— Fortsetzungsspiel: Schüler stellen sich vor, wie die Geschichte jetzt weitergehen könnte. (Jakob baut ein kleines Gotteshaus in Bethel. Er findet den Stein wieder, auf dem er geschlafen hat. Er wohnt weiterhin in Zelten.)
— Gespräch über Frieden und Versöhnung. Was hat Jakob gemacht, um Esau mit sich zu versöhnen (Unterwerfung, Geschenke). Was für andere Möglichkeiten gibt es, um Frieden zu schließen? Wie habt ihr schon einmal Frieden geschlossen?
— Schneider/Lieder: »Da redet man immer von Bruderschaft«, Seite 84, Nr. 55

Der Träumer s. Seite 90

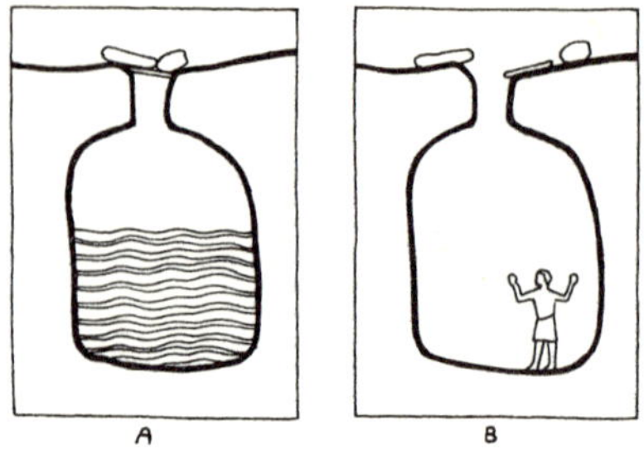

— Skizzen: Brunnen und Zisternen
— Erklärungen und Gespräch: Wir vergleichen die Wasserversorgung von früher mit derjenigen von heute: Leitungen ins Haus, Reservoir, Wassertürme, Grundwasser. Woher kommt das Wasser in unserem Dorf, in unserer Stadt? Eventuell Spaziergang zu einem Reservoir. Gott wird in der Bibel mit lebendigem Wasser verglichen. Was heißt das?
— Schneider/Lieder: »Das Wasser«, Seite 27, Nr. 14

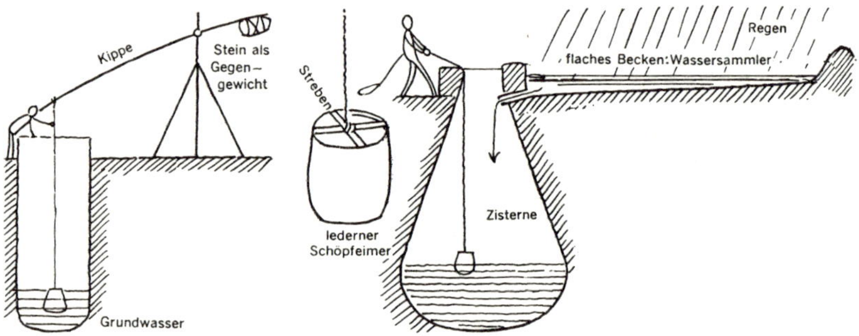

Der Sklave s. Seite 97

— Skizze: Schauplatz der Josefsgeschichte
— Skizze: Typisches Landschaftsbild im Nildelta
— Schneider/Lieder: »Kreuze kreuzen unsern Weg«, Seite 108, Nr. 69

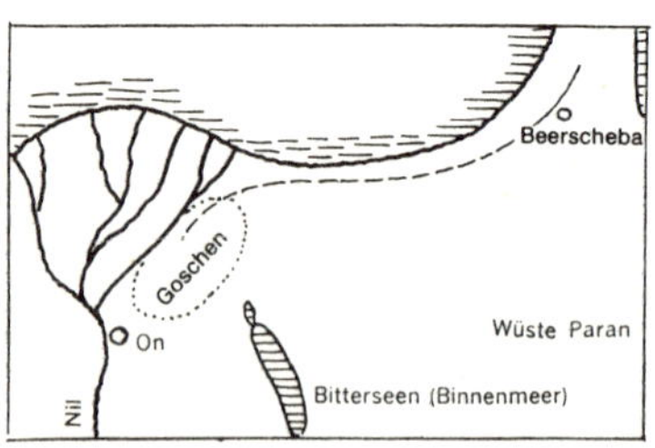

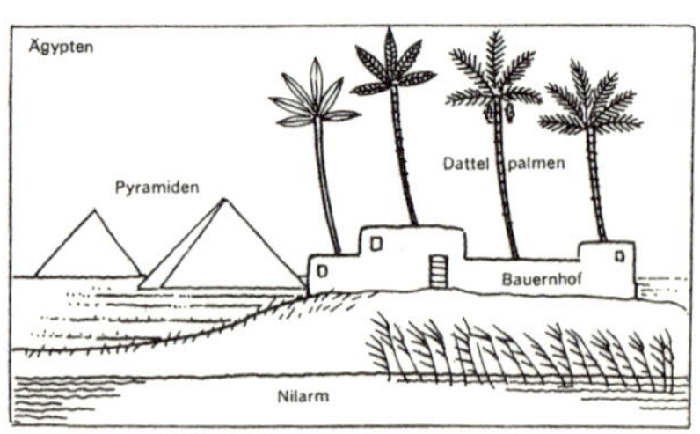

Frau Potifar s. Seite 102

— Zeichnung einer Szene aus der Geschichte
— Gespräch über Vertrauen und Treue
— Hörspielszene (siehe: Die Heimkehr!)

Im Gefängnis s. Seite 107

— Gespräch: Josef sagt, daß nur Gott Träume erklären könne. Dann erklärt er sie aber doch selber. Wie ist das zu verstehen?

Der Stellvertreter s. Seite 111

— Zeichnung Pharaonenkronen
— Zeichnung Streitwagen
— Watkinson/Lieder »Pharaos Traum« Seite 36, Nr. 26

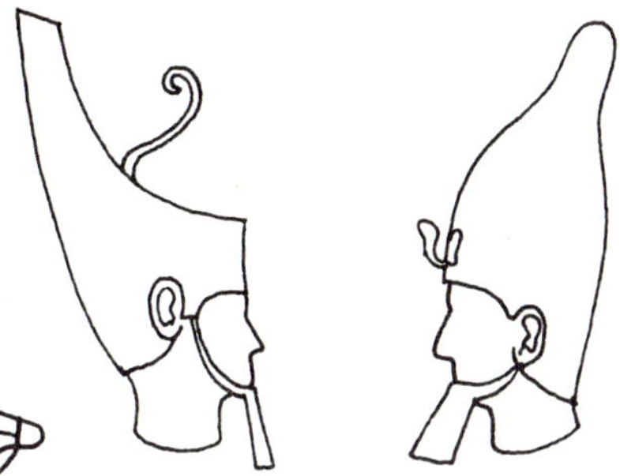

— Kreuzworträtsel

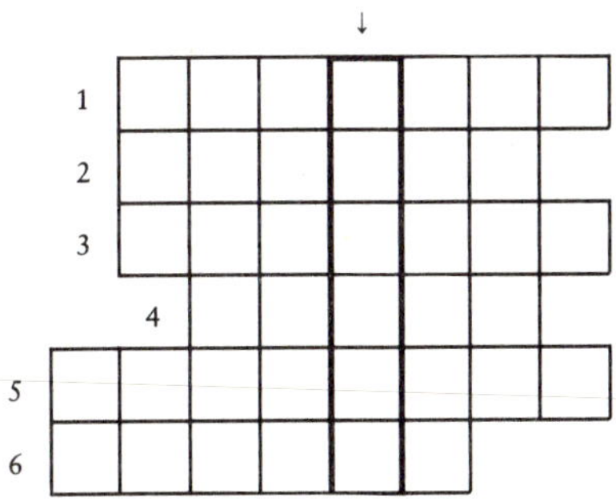

1. In diesem Land wurde Josef ein hoher Beamter
2. Der Hausverwalter beschuldigte die Brüder, einen silbernen... gestohlen zu haben.
3. Josef hatte 2 Söhne. Der Älteste hieß...
4. Die Wiesen in Kanaan vertrockneten, weil eine große... über das Land gekommen war.
5. Er war Josefs jüngster Bruder
6. Diesen Bruder behielt Josef zurück, als die Brüder zum ersten Mal bei ihm Getreide kauften.

Das Wort in Pfeilrichtung von oben nach unten gelesen bezeichnet den Titel des Königs von Ägypten.

Die erste Reise der Brüder s. Seite 116

— Zeichnung von semitischen Nomaden in Ägypten
— Dias über Ägypten oder Bilder aus Reiseprospekten (Bezugsquelle: Reisebüros)
— Pantomimisches Spielen: Die Brüder vor Josef

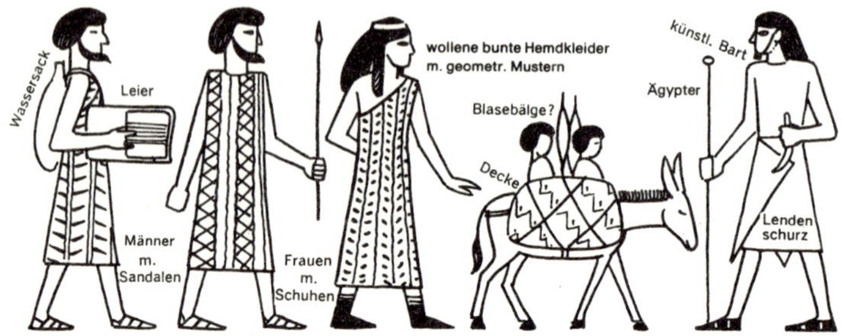

Die zweite Reise der Brüder s. Seite 120

— Gespräch über die Angst. — Bilder zum Thema Angst, die Schüler, welche sich in die Lage der Brüder versetzt hatten, zeichneten, zeigten die Furcht vor dem Unbestimmten.
— Altertümer: Fast jede Stadt hat ein völkerkundliches Museum, ein Stück Stadtmauer oder einen alten Ziehbrunnen. Auf dem Dorf gibt es vielleicht einen Bauern, der seine Schafe schert und erklären kann, wie das zugeht. Es gibt ungezähltes biblisches Anschauungsmaterial auch in unseren Gegenden. Ich habe die Erfahrung gemacht, daß solche Gegenstände bei den Schülern mit der biblischen Geschichte in Verbindung gebracht werden, und so bleiben Geschichte und Gegenstand lebenslänglich in Erinnerung. Damit eine solche Lektion nicht zu einem planlosen Stadtrundgang oder Museumsbesuch wird, ist eine sorgfältige Vorbereitung unerläßlich.

Das Wiedersehen s. Seite 127

— Gespräch über eine Erfahrung im Leben der Schüler oder des Lehrers, in der sich Schlimmes zum Guten gewendet hat.
— Watkinson/Lieder: »Im Leben und im Tod«, Seite 103, Nr. 95
— Schneider/Lieder: »Alle Angst hört wieder auf«, Seite 48, Nr. 29
— Gefängnisse heute. Ein Betreuer von Gefangenen berichtet. Fürsorge und Schicksal entlassener Gefangener.
— Skizze: Block und Fußfessel

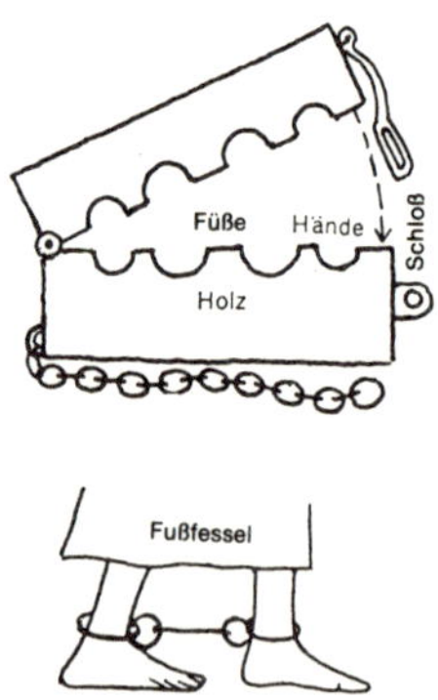